ダイアロジカル・スーパービジョン

リフレクションを活用した職場文化のつくりかた

カイ・アルハネン／アンネ・カンサナホ／
オリ・ペッカ・アーティアイネン／マルコ・カンガス／
カトリイナ・レーティ／チーナ・ソイニ／ヤルコ・ソイニネン 著

日本語版への序　トム・エリク・アーンキル

川田美和・石川雅智・石川真紀・片岡　豊 監訳

DIALOGICAL SUPERVISION
Creating A Work Culture Where Everybody Learns

Kai Alhanen, Anne Kansanaho,
Olli-Pekka Ahtiainen, Marko Kangas,
Katriina Lehti, Tiina Soini
and Jarkko Soininen

Dialogical Supervision

Creating A Work Culture Where Everybody Learns

by

Kai Alhanen,
Anne Kansanaho, Olli-Pekka Ahtiainen, Marko Kangas,
Katriina Lehti, Tiina Soini and Jarkko Soininen

copyright ⓒ 2020 by Kai Alhanen, Anne Kansanaho, Olli-Pekka Ahtiainen,
Marko Kangas, Katriina Lehti, Tiina Soini, Jarkko Soininen

Japanese translation published by arrangement with Kai Alhanen, Anne Kansanaho,
Olli-Pekka Ahtiainen, Marko Kangas, Katriina Lehti, Tiina Soini, and Jarkko Soininen
through Yutaka Kataoka.

日本語版への序
スーパービジョンにおける共創的な対話

　"行動する方法が一つしか思い浮かばないのであれば，それはやらないで下さい！" このシンプルなアドバイスは，おそらく最も短いスーパービジョンの例でしょう。しかし，その『唯一の方法』が正しいとしたらどうでしょう？ それならその方法を選ぶしかありません！　ただし，選択するためには２つ以上の選択肢が必要です。他にどんな選択肢があるでしょうか？ それを選んだらどうなるでしょうか？ そう考えることで，あなたはすでに状況についてリフレクト（考察）し，自分の行動の結果を予測しています。そのためには，状況を他のさまざまな角度から見たり，その状況にいる他の人たちの視点から見るように努めなければなりません。このような検討の結果，最初に考えた通りの行動を選択することもあるでしょう。しかし，状況や人間関係における自分の立場を検討することで，文脈をより深く理解できるようになりますし，複数の視点を持つことができます。このように，"行動する方法が一つしか思い浮かばないのであれば，それはやらないで下さい！"という一文のスーパービジョンは，あなたの行動に対してアドバイスをしているのではなく，考察をしないで行動にとびついてしまうことに注意を促しているのです。

　このような謎めいたスーパービジョンをスーパービジョンと呼んでいいのでしょうか？ スーパービジョンをどう捉えるかによるでしょう！　英語の「スーパービジョン」という言葉は，「super」（上の）と「videre」（見る，観察する）という２つのラテン語に由来しており，立場が上の人による仕事の監督（oversight）を示唆しています（スーパービジョンのことを日本語でも「スーパービジョン」と言うと聞いています）。そのフィンランド語にあたる「työnohjaus」は直訳すると「仕事の指導」という意味で，僅かですが階層的な意味も含んでいます。フィンランドの第二言語であるスウェーデン語ではその言葉を「handledning」と言い，大人と子どもの関係性のように「手で導く」という意味です。では，立ち

どまってリフレクションするようにという短いアドバイスは，「スーパービジョン」や「työnohjaus」や「handledning」と呼べるでしょうか？ スーパーバイザーからきめ細かな手引きを切望しているのであればノーです。手元にある本書の論理に従うのであればイエスです。スーパーバイザーの優越的な立場は，その人の経験の量から"優位にある"と見なされる点においては有益でしょう。ただし，スーパーバイジーに対する管理者的な立場となると，その状況や選択肢についてオープンにリフレクトすることが難しくなります。上司がスーパーバイザーであると，どんなに率直に議論しようとしても管理する要素が入りこんでしまいます。しかし，上司がスーパーバイザーではなくスーパーバイジーとして参加することは可能で，本書ではそのような状況についても言及しています。

みなさんが手にしているこの本にはアドバイスはあっても，具体的な手順は示されていません。当然です！ 全ての状況は異なります。同じ人同士が再会する時でさえそうなのです。しかしながら，本書はスーパーバイザーが遭遇するさまざまな状況において，安心できるよう手助けしてくれます。スーパーバイザーが安心していると，スーパーバイジーも安心できます。

本書では，詳細な指示（「手取り足取りの指導」）よりも，スーパーバイザーが状況に備え，行動を予測してリフレクトするのに役立つ一般的なアドバイスと視点が提示されています。この本は，スーパーバイザーとスーパーバイジー，そしてスーパーバイジー同士が共に対話を生み出し，スーパービジョンのセッションを対話的なスペースにすることを奨励しています。著者たちは豊富な経験と理論的知識を結集し，本書全体を通じて実践に役立つように提供しています。個人のスーパービジョンからチームやグループまでさまざまな状況をカバーする内容となっており，非常に読みやすいスタイルで書かれています。巻末には，一般的なマニュアルとして使用できるチェックリストが掲載されています。

この素晴らしい本書の読者のみなさんが，豊かで創造的なスーパービジョン・ダイアローグが経験できることを心から願っています。

トム・エリク・アンキル
（フィンランド，名誉研究教授）

読者の皆様へ

　本書は，主に専門家であるスーパーバイザーやスーパービジョンを学んでいる学生のために書かれたものですが，スタッフに対して「日常的なスーパーバイザー」の役割を果たしている多くの管理職にも手にとっていただけることを願っています。この本は，スーパービジョンの基礎から実践までを解説する実践的なハンドブックとして構成されています。中心となる考え方は，構成主義的な学習の理論，ジョン・デューイ John Dewey の経験主義哲学，対話に関する理論などに基づいています。また多くの場面で，ソシオメトリーやサイコドラマのみならず，解決志向やリソース指向の手法も活用しています。私たちは，できるだけスムーズで読みやすい文章を書くことを目指しており，そのために出典を直接示していません。本書における多くのアイデアがどこから，そして誰から得られたかを示すために，文献や資料の概要を巻末に掲載しています。

　本書の第Ⅰ部では，スーパービジョンの基本である「学習」「リフレクション」「対話的な相互作用」を取り上げています。第Ⅱ部では，スーパービジョンの実践と手法に焦点を当てています。第Ⅲ部では，さまざまなスーパービジョンのタイプとそれぞれの特徴について詳しく説明しています。本文中の例はすべて架空のものですが，私たちが仕事で実際に遭遇した状況や事例に基づいています。私たちが効果的だと判断した複数の手法を本書のさまざまな章で紹介していますが，全体として"スーパーバイザーのためのツールボックス"のようなものとなっています。私たちが説明する手法は，多くの専門分野で使用されているものであり，人類の長い歴史を超えて伝統となってきたものです。

　ダイアロジカル・スーパービジョンは，アレタイ（Aretai）社が絶え間なく行ってきた専門的努力とその成果についての考察と検証の賜物です。私たちは学習するコミュニティとして自覚しながら活動することに努め，共有される対話を追い求めていくことに努めます。そして，そのプロセスにおいて，私たちは急ぐことなく，実験的に参加者すべての視点を深め，新たな考えを発展させていくことができるのです。私たちは，自分自身の経験を豊かにして，一人ひとりの思いを超えた，より大きくより多様なものを共に創り上げていく可能性にこそ価値があるということに気づいたのです。本書は，執筆者全員が企画の段階から参加して

内容を練り上げたものであり，まさに共創の一冊となっています。

原書であるフィンランド語版は 2011 年に出版されました。厳しい目で校正してくださった方々に感謝いたします。Harri Hirvihuhta 氏は，初期の段階から本書の「ゴッドファーザー」でした。Harri 氏は私たちの原稿を深く掘り下げ，私たちが自分たちの意見を述べる自信を与えてくれました。本書で紹介する多くのアイデアは，本書のさまざまなテーマを発展させる Liisa Valve-Mantyla 氏のスーパービジョンによってもたらされました。Liisa 氏は厳しくも建設的なコメントによって，私たちが調査的な展望と多様な考え方を失わないようにしてくれました。Liisa Raina 氏は，彼女が見知らぬ作家の寄稿文の，特にコミュニティ・スーパービジョンの章に焦点を当て親切に読んでくれました。彼女は，多くの鋭い観察と質問によって，私たちの考えを広げてくれました。Anna Lansitie 氏は，スーパーバイジーとして，また資格を持ったスーパーバイザーとしての観点から文章についてコメントをくれ，私たちが明確に表現できていることと，さらに解決しなければならないことを強調してくれました。また，本書の理念となる内容や言語表現についても貴重なご意見をいただきました。Tuuli Hirvilammi 氏は，私たちがもはや完全に気づかなくなっていた段階で，私たちの文章を手直ししてくれました。最後に，巨匠 Sara Heinamaa 氏は，その自信に満ちたスタイルのセンスと，素晴らしく論理的なウィットで，私たちの本を洗練させてくれました。また，私たちのフィンランドの職場文化への探検を共にしてくれたスーパーバイジーのみなさんにも感謝したいと思います。

フィンランド語版は，フィンランドにおける専門的なスーパービジョンの分野で好評を得ました。今でも内容のほとんどは適切であると考えていますが，私たちは対話についての理解を深めてきましたので，英語版にはいくつかの新しい洞察を盛り込みたいと考えています。その中でも最も重要なのは，スーパーバイザーが自らの経験や行為を用いてスーパーバイジーと対話するためのさまざまな方法をより明確に理解することです。さらに，主に経済成長，冷酷な競争，個人の業績を称えることが主流となっている現在の職場文化とは根本的に異なる職場文化を創造するために，対話が重要であることをより強く強調しています。私たちは今，かつてないほどに経済的，政治的，生態学的な危機が絡み合った世界で生きています。これらの危機は，多くの専門家の日常業務にますます大きな影響を与えています。私たちが直面している課題にうまく対処するためには，スタッフ一人ひとりのスキルと知識を活用する必要があります。また，異分野の専門家が

力を合わせ，現代社会の複雑な現象を共に理解するためのネットワークを構築し，出会いを促進することも必要です。このような作業は，対話がスタッフの基本的なスキルとなり，より広く普及しなければ成功しないでしょう。

英語版の作成にあたっては，原著者のグループに加えて，Katriina Lehti 氏がKai Alhanen 氏とともに文章の一部を書き直してくれました。特に，第 4 章の「対話的関わり」は，私たちの対話に対する理解の深まりを反映し修正しました。また，英語の文章を準備し，推敲してくれた Helena Lehti 氏と Donna Roberts 氏にも感謝の意を表したいと思います。

本のデザインを担当してくれた Vappu Rossi 氏と，印刷用に本をレイアウトしてくれた Auli Kurvinen 氏にも感謝します。さらに，テキストの最終版をチェックしてくれた同僚の Janne Kareinen 氏，Tomi Lamppula 氏，Pekka Lavila 氏の協力にも，大変感謝しています。

目　次

日本語版への序──スーパービジョンにおける共創的な対話　3

読者の皆様へ　5

第Ⅰ部　スーパービジョンの基本事項

第1章　職場におけるスーパービジョンの役割 ……………………15

専門職としての挑戦的課題　15

困難な課題への応答としてのスーパービジョン　17

組織を支援する　21

スーパービジョンと能力開発のための他の方法　22

スーパーバイザーの役割　25

第2章　学習プロセスとしてのスーパービジョン …………28

変化と能力開発としての学習　28

職場における学習　29

スーパービジョンにおける効果的な学習　36

新しい経験と古い経験を結びつける　38

注意の方向づけ　39

学習の伝播（仕事への活用）　41

第3章　リフレクションの方向づけ ……………………………46

スーパービジョンにおけるリフレクションの重要性　46

リフレクティブ・サイクル　47

リフレクティブ・サイクルにおけるスーパーバイザーの行動　50

第4章　対話的関わり ……………………………………………… 61

スーパービジョン・セッションにおける対話　61

学習とリフレクションを支える対話の原則　66

第Ⅱ部　実践と方法

第5章　スーパービジョンを実施する際の条件 ……………… 77

スーパーバイザーの教育と専門知識　77

スーパービジョン関係の開始　78

セッション　82

プロセス　84

職業倫理　88

第6章　オリエンテーション（志向）……………………………… 91

スーパービジョンの使い方を学ぶ　91

テーマ志向スーパービジョン　94

ケース志向スーパービジョン　97

プロセス志向スーパービジョン　100

危機的状況下でのスーパービジョン　101

第7章　アクション・メソッド（非言語的メソッド）…… 105

なぜ，アクション・メソッドなのか？　105

シンボル　107

関係の具象化　109

エンプティ・チェア　114

役割転換（ロール・リバーサル）　115

第Ⅲ部　スーパービジョン関係

第8章　個　　人 ……………………………………… 119

個人スーパービジョンの特徴　119

開始段階　121

プロセスの進展　124

スーパービジョンの終結　126

第9章　コミュニティ ……………………………… 128

コミュニティ・ダイナミクスの効果　128

個人とコミュニティの間の緊張関係　132

コミュニティ・スーパービジョンにおけるリーダーシップ　135

コミュニティ・スーパービジョンの各ステージ　138

第10章　グループ ………………………………… 145

グループの形成　145

グループの立ち上げ　147

スーパービジョンの進行とさまざまな志向　149

グループ・スーパービジョンの終結　154

第11章　管理職（マネージャー）………………… 156

リーダーの役割　156

権力の行使　160

働きやすい職場環境　164

スタッフとの対話的なコラボレーション　167

エピローグ　172

監訳者あとがき　174

スーパーバイザーのチェックリスト　177

文献・資料　183

索　　引　186

第Ⅰ部
スーパービジョンの基本事項

　本書の前半の各章では，スーパービジョンの基本原理について述べています。まず，現在の職場文化におけるスーパービジョンの役割を検証し，スーパービジョンの中心的な考え方を私たちなりに定義して説明します。それから，仕事における学習や，どのようにスーパービジョンが学習プロセスを構成しているのかについて説明します。そして，スーパービジョンで実践されているリフレクション[訳注1]のプロセスを検証し，リフレクションのあり方について具体的な問いを投げかけていきます。このセクションの最後では，対話的な関わりが質の良い学習とリフレクションをどのようにサポートするかについて説明します。これらのスーパービジョンの基本は，包括的で学習を重視した，対話的な職場文化の基盤を形成してくれます。

訳注1）リフレクション：リフレクションとは，本書の一部では「業務の中で一旦立ち止まり考察するプロセス」（本書 p.18）を指すと記載されていますが，さまざまな理論や定義が存在します。アメリカの哲学者ジョン・デューイ John Dewey（1933）が提唱したリフレクティブ・シンキング（反省的思考）に由来するとされています。教育思想家でもあったデューイは，「真の教育は，すべて経験を通して生じる」と考えました。また，「ただ単に行為を積み重ねることが経験ではなく，行った行為とその結果との関係性を見出すために思考することが重要である」と説きました。そして，この思考のことをリフレクティブ・シンキング（反省的思考）と定義したのです。同じくアメリカの哲学者ドナルド・ショーン Donald, A. Schon は，デューイの考えを継承し，リフレクションを「実践（行為）の経験を振り返るプロセスであり，記述，分析，評価を行う手段である。また，実践から学ぶということはどういうことかを理解するための１つの方法である」と定義しました。また，専門家の成長におけるリフレクションの重要性を説くとともに，リフレクティブ・プラクティショナー（省察的実践家）という新たな専門家についての考え方も提示しました。【文献】Dewey, J. (1933) "How We Think", in The Later Works, 1925-1953. Southern Illinois University Press.（植田清次訳（1950）思考の方法．春秋社.），Schon, D. A. (1984) The Reflective Practitioner: How Professionals Think In Action. Basic Books.（柳沢昌一・三輪建二訳（2007）省察的実践とは何か—プロフェッショナルの行為と思考．鳳書房.）

第1章

職場における
スーパービジョンの役割

　私たちは，今日の専門家が遭遇する課題に対応するためのツールとしてスーパービジョンを提示しています。スーパービジョンはもともと特定の専門分野で発展してきたものですが，私たちは，さまざまな分野の専門家に役立つと考えています。スーパービジョンの多様な可能性を理解するためには，現行のスーパービジョンの専門性が抱える課題，組織におけるスーパービジョンの状況，職場文化の発展につながる他の方法との関係性を理解する必要があります。

専門職としての挑戦的課題

　常に変化し続ける職場環境においては，業務上の経験を取り扱うためのさまざまなツールが求められています。私たちは今，産業社会での労働から，サービス業や情報産業での労働へと大規模なシフトの時代に生きています。その変化は急速で，深く，そして今も進行中です。同時に，世の中の現象はどんどん複雑化し，それに対応するためのスキルをいつも最新にしておく必要があります。今の時代の最大の特徴は，さまざまな**専門的役割**を担う人が増えていることです。さらに，自分たちのことを専門家ではなく，実務的なプロフェッショナルであると認識している人たちの任務においても，専門的であることの重要性が強調されています。

　ハイペースで変化し続ける現在の専門家の仕事は，やりがいがあるとともに，重圧でもあります。このような仕事には自律性，継続的な能力開発，さまざまな変化に対応する能力が必要です。専門家には大量の情報を管理し，常に新しいスキルを取り入れることが求められます。同時に，仕事を完遂するための責任を負い，

第1章　職場におけるスーパービジョンの役割　　*15*

多様なやり方で協力し合い，常に変化する環境で働くことも求められます。任務において責任をもつことやチャレンジングな局面に遭遇することは，うまくいけばスタッフが創造的になり，専門知識を深めやすくなるかもしれません。しかし，求められることが多くなると最悪の場合は専門家としての主体性を失い，ストレスを抱え，近視眼的で受け身的な行動につながります。このような状況は，**スタッフの経験の断片化**であるといえます。私たちが，この文脈や後のセクションで言う「経験」とは，単なる人生における一度の出来事ではなく，その人の周囲の環境との包括的な関係を意味しています。したがって，経験には過去の記憶，現在の知覚，思考，感情，そして未来への願望，想像，予測が含まれます。人々は常に自分の経験に基づいて自分をとりまく環境の中で行動し，行動によって経験は変化し，進化していきます。

　意義ある仕事をするには，その人自身の主観的に構造化された総合的かつ継続的に豊かな経験を持つことと，その人を取り巻く環境にその人がしっかり根を下ろして活動することが求められます。もし，その経験とそれが提供する全体的枠組みが，ばらばらに断片化されたり，分断されたりすると，目的を共有する組織的な行動や仕事を行うのが，最初はむずかしくなり，時間が経つにつれ，だんだんと不可能になってしまいます。

　経験が断片的になると，スタッフは，もはや自分の仕事に対して，経験に基づく賢明な目的を立てることができず，なぜそのようなやり方をしなければならないのか，自分の行動がどんな結果をもたらすのか，そしてその結果としてどんな結論に至るべきなのかわからなくなります。自分の行動について考えるどころか，ある状況から次の状況へ，あるいは，ある変化から次の変化へのつながりについて，その関連性がわからなくなったり，自分が何を目指すべきかよくわからないまま突っ走ってしまいます。

　また，経験の断片化は，仕事に必要とされる意図的で，構造化され，柔軟性のある協力関係を困難にします。疲弊し狭い視野で物事を見ている専門家は，他の専門家やクライアントの意見や経験を純粋に受けとめることができず，しばしば迷惑に感じたり，不思議に感じたりすることがあります。そして，求められた協力は，権力争いや弱々しく，その場しのぎの妥協に取って代わられます。その結果，産業や社会は急速に進歩していますが，どこに向かっているのか，どうなっていくのか，本当に知っている人は誰もいないのではないでしょうか？

　本書の著者らは，スーパービジョンがより質の高い，より意義のある職場文化

を実現するためのツールとして役立つと信じています。スーパービジョンは成功への道の保証と発展，経験の断片化の防止，すでに断片化した経験の修復に役立てることができるのです。そうすることで，より人間的で包括的な職場文化を築き，複雑な現代社会がもたらす課題に柔軟に対応することができるのです。とはいえ，私たちは専門的なスーパーバイザーとそのクライアントの双方が，職場文化の一部としてのスーパービジョンの役割と可能性をより明確に知るべきだと考えています。そして，スーパービジョンの方法や利点についての一般的な説明を行います。これまでの伝統的なスーパービジョンから脱却し，スーパーバイザー自身の職業や役割に対する新しい捉え方を生み出すことが必要なのです。

困難な課題への応答としてのスーパービジョン

　従来の専門職におけるスーパービジョンは，ソーシャルワークと心理療法に由来しています。これらの分野は，とくに仕事を始めて間もない人々にとっては，情動的に負荷がかかり，骨の折れる対人援助の仕事という点で共通しています。もともとのスーパービジョンは，経験豊富な先輩が後輩を教育・指導するという形式をとっており，現在のリフレクティブで構造的な相互作用に基づく方法とは異なっていました。しかし，いまだにスーパービジョンは専門的なトレーニングにおけるサポートとして使われており，むしろ，生徒に対するインストラクターやメンターの行動を連想させます。

　フィンランドでは，スーパービジョンはまず精神科医療，ソーシャルワーク，教育の分野で普及し，徐々に継続的な専門職の能力開発や仕事の質の向上のためのツールへと発展していきました。同時に，スーパービジョンの傾向も変わりました。もはや，スーパーバイザーがスーパーバイジーと同じ分野の経験豊かな専門家であることは求められなくなっています。その代わりに，スーパーバイザーのタスクは，スーパーバイジーの仕事上の緊張を和らげ，難しい状況を検討し，専門家としての能力開発の促進を支援することに重点が置かれています。つまりスーパーバイザーは専門的リフレクションのエキスパートでなければなりません。

　現在，スーパービジョンはさまざまな専門職の中に徐々に浸透しつつあり，仕事の質を向上させ，スタッフの幸福度を高めることが研究で明らかにされています。スーパービジョンはもはや，骨の折れる対人援助に関わる専門職だけでなく，官民を問わずさまざまな分野の専門家が活用しています。自分のタスクをよりよ

第 1 章　職場におけるスーパービジョンの役割　　*17*

く理解し，緊張やストレスを緩和し，専門家としての能力開発を促進し，職場コミュニティ（共同体）で生じる問題に対処するための手段として認識されています。さまざまな分野の専門職がスーパーバイザーになっています。現在では，セラピスト，心理職，ソーシャルワーカー，看護師だけでなく，教師，エンジニア，経済専門家などもスーパーバイザーとしてどんどん採用されています。このような観点から，スーパービジョンは，**さまざまな分野の専門職や職場コミュニティの発展を支援するためのツール**になっていると言えます。

しかし，スーパービジョンの理論的アプローチやガイドブックなどの書籍は，古い考え方にとらわれた内容であることも少なくありません。このような書籍は，高い能力が求められる対人援助に関する疑問や，著者自身の限られた専門分野での経験に焦点があてられています。さらに，専門家個人のスーパービジョンが，スーパービジョンの構造や手続きのすべての基本として（多くは無意識に）示されています。多くの書籍では，スーパービジョンも心理療法の理論と実践を基本として発展してきたとしています。もちろん，これらの基本は多くの貴重で有益な理解をもたらしますが，微妙な思い込みによって著者が作ったスーパービジョンの全体像が方向づけられてしまうこともあります。そのため，さまざまな分野の専門職が活用できる，包括的なスーパービジョンの理論や一般的なモデルを開発することができないでいるのです。

本書は，**理論**と**実践**の両方における私たちの仕事の発展から生まれたものです。そのため，本書では，私たちが開発したスーパービジョンのモデルをまとめることに努めています。このモデルは，他の多くの専門職にも適用できると考えています。

私たちは特にスーパービジョンの重要な機会として，**専門職の日常業務についてのリフレクションを方向づけて発展させていく**場面を考えています。ここでいうリフレクションとは，スタッフが日常業務の中で一旦立ち止まり，自分の行動やその出発点，目標，結果について考察するプロセスを指しています。スーパービジョンでは，外部の専門家がこのリフレクションを導きます。

したがって，スーパービジョンとは，何よりも**自分自身の仕事を通して学ぶこと**だと理解すべきです。この学びはさまざまなレベルで現れ，その中では，仕事で起きた現象と，その現象と自分自身との関係を明らかにすることを学んでいきます。この学びを通じて，仕事の具体的な目標が明確になり，その目標を達成するために必要な手段を講じることができるようになるのです。同時にスーパービジ

18 　第Ⅰ部　スーパービジョンの基本事項

ョンが最終的に目指すのは，日常的な仕事の中で起こるさまざまに異なる状況においても，それを実施できるような専門的なリフレクションを学ぶことです。このように仕事での学びは，スーパービジョンのセッションの場以外でも深まっていくのです。

このようなスーパービジョンでは，自分の行動の結果を検証し，そこから得られる学びによって，自分の行動を発展させることができます。それは，自分自身の行為を批判的に検討し，創造的かつ偏見なく能力開発するための問いかけともなっています。こうすることによって，スーパービジョンは，スタッフの断片的な経験を一つのまとまった経験に再構成するための手法となり得るのです。私たちは，この基本的にはシンプルでありながら，現実的には難しいことから始まる点にこそ，スーパービジョンの力と知恵があると信じています。

では，日常的な仕事を振り返ることで何ができるのでしょうか？まず，スタッフが自分の行動の結果を確かめることを学び，それを多面的に理解することで，自分のエージェンシー（主体性）[訳注2]が強化されます。つまり自分が何を目指して仕事をしているのか，その結果はどうなるのかについてより明確に理解することで，自分の行動や周囲の状況を意識的に方向付けることができるのです。以前は不確かで機械的だった行動が，構造化されて意図的なものになるのです。

またリフレクションは，自分の仕事に影響を与えている，広くありふれた部分について，もっとはっきりと認識することを目的としています。これにより，もはや変化を嵐の中のような制御不能な葛藤として感じるのではなく，変化を意識しながら，そのプロセスに影響を与えていくことができるようになります。

スーパービジョンとは常に協働作業であり，目標を共有する2人以上の人の相互作用なのです。スーパービジョンでは，協働作業に関連する仕事上の課題についても取り上げることがあります。スーパーバイザーは，クライアント，同僚，連携する相手との関係において，スーパーバイジーが日常業務の中で協力関係を発

訳注2）エージェンシー（agency）：社会学では，「個人がその潜在能力を開花させるためにパワーや資源を活用する能力」を意味します。また，未来の教育の仕組み『OECDラーニング・コンパス（学びの羅針盤）2030』（OECD, 2019）においては，中心的な概念として，「目標を設定し，振り返り，責任を持って（主体的に）行為することによって変化を起こす力（the capacity to set a goal, reflect and act responsibly to effect change）」と定義され，行為を受けるのではなく行為をする，形成されるのではなく形成する，他者によって決定されたものを受け入れるのではなく主体的な決定と選択をすることに関係している，と説明されています。

第1章　職場におけるスーパービジョンの役割　　79

展させていくことを支援します。スーパービジョンのセッションでは，スーパーバイザーとスーパーバイジーの間で，そしてスーパーバイジー同士の間で最も有意義かつ重要な協力が行われます。実際の仕事では協働作業は，仕事のコミュニティや組織，さまざまな種類のネットワークに広がっています。

　私たちは，人がエージェンシー（主体性）を味わう経験は，他者との協働作業の中でこそ最も得られやすいと考えています。自分の行動が他者にどのような影響を与えているかを観察して理解することなしに，自分自身の行動の結果を自覚し，包括的に理解することは極めて困難であると言えます。他者の経験を尊重しながら率直に聞くことによってのみ，自らの行動の根拠，目的，手段を新たにする学習プロセスを生み出すことができるのです。

　スーパービジョンとは，**協働作業のメリット**とそのあらゆる可能性を**最大限に引き出すためのツール**であるべきだと私たちは考えています。そのためには，スーパーバイジーが自分の経験から学ぶための継続的な努力ができるよう，スーパーバイザーが自らの経験と理解を提示し，貢献していく必要があります。

　私たちは，参加者一人ひとりの経験に耳を傾け，そこから生まれる考えや行動様式を共に発展させていくという多声的な**対話**にこそ，協働作業の核心があると考えています。対話の主な目的は，人々が互いに学び合う能力を高めることにあります。対話によって，世界に起きたこと，他者，そして自分自身という多次元的な理解を深めることができます。また，このように一緒に学んでいくことは，信頼関係を構築し，現代社会が抱える複雑な課題を解決するために必要な新しいアイデアを生み出す創造的な方法となります。

　スーパービジョンを対話的な方向に発展させるためには，スーパーバイザーがすべてを知り尽くした指導者の役割を放棄し，代わりにスーパーバイジーと一緒に彼らの仕事への探求に乗り出していくことが必要です。これは，スーパーバイザーが自分の経験や考えを隠すという意味ではなく，より広い共通の相互作用の一部として提示するという意味です。対話的な関わりは，自分自身の視点を深め，多様化させていくとともに，全く新しい発想や構造を生み出すことを目指すものでもあります。対話的なスーパービジョンでは，誰も自分の知識や専門性を軽視される必要がないだけでなく，無知やつかの間の無力感を恐れる必要もありません。対話は，スーパーバイザーも含めたすべての人が学ぶことができる，オープンで協力的，かつ刺激的な職場文化を築く上で最も有効な手段なのです。

　学習を深めスタッフのエージェンシー（主体性）を高めるスーパービジョンは，

最終的に職場だけでなく社会における**民主的な生き方**を追求することになります。ここで言う民主的とは，単なる政治的な意思決定プロセスを意味するものではありません。すべての人にとっての平等と自由を追求する道徳的な生き方を意味します。民主的な生き方では，一人ひとりが自分の能力に応じて**共通の活動の方向づけ**に参加し，共同体はすべての構成員が**自分自身の能力を伸ばし**，個人と共同体の両方の活動を豊かにすることを支援するのです。民主的な生き方は，経験からの相互作用的な学習に基づいています。誰もが互いに学び合い，また他者の助けを借りて自分自身についても学んでいきます。

　このように，民主的な生き方を築いていくことは，実現性に乏しい理想を無益に追求することではなく，むしろ現実的な導きをしてくれる有意義な協働作業なのです。この目標のために，スーパービジョンは，スタッフが自分の労働条件，職場コミュニティにおける自分自身の役割，そして職場文化の発展をより意図的かつ強力に形成するよう導くことができます。最終的には，このようなスーパービジョンは，社会の中でそのすべての行動やサービスを通じて，民主的な生き方を広めることもできるのです。

　スーパーバイザーが意識しているかどうかにかかわらず，スーパービジョンには常に多様な効果があります。そのため，スーパーバイザーは一歩下がって社会の観察者となるのではなく，高い評価を受ける専門家として自分が持つ影響力を理解しておかなければなりません。したがって，スーパーバイザーはスーパービジョンを通じて個人と社会の両レベルに及ぼす影響に責任を持たなければなりません。

組織を支援する

　スーパービジョンはさまざまな形（個人，グループ，職場コミュニティ）で実施されますが，常にスタッフが組織全体の能力開発に貢献できるようにするものでなければなりません。スーパービジョンに必要な守秘義務によって，それが日常業務と切り離されてしまったり，スタッフが自らの行動の影響を考えずに組織の問題点を訴えるような事態を招いたりしてはならないのです。むしろ，スーパービジョンは，メンバー全員のさまざまな経験から学ぶことのできる組織づくりを支援するものであるべきです。

　このため，スーパービジョンの実践は，最初からスーパーバイザー，スーパー

バイジー，組織の責任者の間でオープンかつ直接的な相互作用を促進するもので
なければなりません。

　ときには個々の専門家が自らスーパービジョンを依頼し，その費用を負担する
こともあります。このような場合は，当然，自分たちが定義したニーズに合わせ
て利用する権利があります。しかし，雇用主がスーパービジョンを依頼した場合
は，スーパービジョンはスーパービジョンの参加者とその組織全体の両方に役立
つものでなければなりません。

　自らの能力開発に意欲のある組織であれば，組織内で実践されるスーパービジ
ョンにも興味をもつでしょう。これは，職務体系に責任をもつ管理部門が，スー
パービジョンを単にスタッフの居心地のよさをサポートするだけの仕事の周辺的
な活動として捉えるのではなく，管理者たち自身の業務上の行動に必要不可欠な
部分として捉える，ということを意味します。ときにはスーパービジョンは，単
にスタッフの個人的な専門職としての成長と幸福のためのサポートとして，一元
的に理解されることがあります。このような見方やアプローチは，スーパービジ
ョンを仕事の基本的な機能や幅広い活動からかけ離れた独自の領域に押しやって
しまい，仕事を発展させるための大きな潜在的可能性を失わせてしまいます。管
理職たちは，実際に役立つようなスーパービジョンの仕組みづくりに責任を持ち，
スーパービジョンを組織の日常業務と能力開発に適合させるよう努力することで，
状況は大きく改善されるのです。

　しかし，スーパービジョンを組織全体の業務に役立てるということは，スーパー
バイザーとスーパーバイジーが組織のやり方や目的に無批判に従うということ
ではありません。スーパービジョンは，スーパーバイジーの経験を扱うことに基
づいているため，通常，仕事の問題点や組織の欠点も明らかにします。また一方
で，スーパービジョンは，スタッフの強みや組織の能力開発を明確に示すことが
できます。本書では，スーパービジョンの誠実さや守秘義務が損なわれることな
く，スーパービジョンを組織全体の運営や能力開発の自然な一部として取り入れ
るためのさまざまな方法を紹介しています。

スーパービジョンと能力開発のための他の方法

　スーパービジョンは比較的新しいために，その目的や可能性が能力開発やガイ
ダンスのための他の形態と混同されやすいのです。そのため，スーパービジョン

とその他の専門的トレーニング，コンサルティング，メンタリング，コーチング，セラピーとの関係を明らかにすることが重要です。スーパービジョンは，時に上記の全てに共通する特徴をもつこともありますが，それらの全てと多くの点で異なっています。私たちはスーパービジョンを，日常の仕事の中で起こる学習のプロセスであり，仕事の構造化と管理をサポートし，改善するものと説明できると考えます。

　スーパービジョンは，**トレーニング**とは異なり，あらかじめ決められた特定の内容があるわけではありません。トレーニングは，あらかじめ決められた特定のトピックについて，学習者が知識やスキルを身につけることを目的としています。しかし，スーパービジョンが取り扱う内容は，スーパーバイジーの日常業務全てです。スーパーバイザーは，主にスーパーバイジーの仕事の専門家として振る舞うのではなくて，むしろ仕事において学習を導く人です。つまり，スーパーバイザーは，より多くの情報を提供することによってスーパーバイジーの専門性を高めるのではなく，スーパーバイジー自身の行動や仕事で求められることとその結果について振り返るための支援をします。

　強調しなければならないのは，スーパービジョンは**コンサルティング**ではないということです。もちろんスーパーバイザーは，コンサルタントと同じように，スーパーバイジーの取り組みと，それを取り巻く組織や現状について常に分析します。しかし，スーパーバイザーは，これらのことを具体的に決められた目標から分析したり，自分の分析に基づいて明確な指示を出すわけではありません。むしろ，日々の仕事に対する理解を深めていくために，スーパーバイジーと一緒に仕事を分析していきます。そのため，スーパービジョンから生まれる理解は，コンサルテーションの支援として活用することができます。ある組織で行われるコンサルティングが，そこで行われるスーパービジョンを活用しなければ，多くの専門家のリソースが失われることになります。とは言え，スーパービジョンによって得られた情報を活用するには，スーパーバイジーの承諾が必要であり，スーパービジョンの守秘義務を守ることを忘れてはなりません。

　メンタリングは，能力開発の分野の初期において，スーパービジョンとして非常に中心的な役割を担っていました。スーパービジョンを自分と同じ専門分野で，より多くの経験をもつ専門家に依頼することによって，スーパーバイジーは仕事のやり方を教わり，豊富なキャリアによる経験を共有されることが期待されます。これはスーパービジョンの成功に役立つかもしれませんが，妨げになる可能性も

あります。うまくいけば，メンターとして働くスーパーバイザーは，スーパーバイジーが単にスーパーバイザーの真似をするのではなく，自分自身の学習を発展させることができるような形で，スーパーバイザーが持ち合わせている専門知識と経験を提供することができます。しかし，最悪の場合，スーパーバイジーはスーパーバイザーの権威や指示に依存するようになります。

　また，近年では，さまざまな専門分野で**コーチング・サービス**が普及しています。仕事や組織を発展させるさまざまな方法の中で，コーチングは，おそらくスーパービジョンに最も近いものです。どちらもクライアントの身近な仕事の状況と，個人的な学習プロセスに焦点をあてています。しかし，コーチングがスーパービジョンと異なるのは，コーチングがプロセスの最初に明確で具体的な目標を設定し，その目標に到達することを目指している点です。つまり，通常コーチングのプロセスはスーパービジョンよりも内容が限定され，期間も短いということです。コーチングの強みは，その明確性（具体性）と一時的であるという特徴にあります。スーパービジョンの強みは，多様で柔軟，かつ長期的な学習プロセスを伴うことにあります。コーチングとスーパービジョンは，互いに対立させられるべきではありません。それぞれ異なったニーズと目標のために活用されるものなのですから。

　場合によっては，スーパービジョンが**セラピー**に近いこともあります。スーパーバイジーは，私生活において，仕事にも影響を与えるような刺激的なことがたくさん生じる可能性があります。セラピーの核心から離れたフリンジ[訳注3]部分は，個別のスーパービジョンで丁寧に取り扱われます。そこでは非常に個人的な課題や考慮すべき事柄，感情を扱うことが可能です。とはいえ，その過程でセラピーとスーパービジョンの境界を明確にしておくことは重要です。セラピーでは人々の私生活，内的な精神的プロセス，個人的な人間関係を扱います。一方，スーパービジョンで目指すのは，スーパーバイジーの専門的な実践，専門家としての役割，仕事に関連する他者との相互の関わりを発展させることです。スーパーバイジーが私生活での疑問や課題を持ち出した場合，スーパーバイザーは，それが仕事にどのような影響を及ぼすかを中心に考えるよう手助けしなければなりません。

　訳注3）フリンジ：ふさ飾りのような境界線の外側の周辺部分。「中心」にあるものや「中核」となるものに対して「周縁」「周辺」を意味します。

スーパーバイザーの役割

スーパービジョンを個人の専門的な能力開発の手段として狭義に捉えるのではなく，組織全体の行動に役立つより広い目標を持ち，より深い社会的な機能を持つと捉えると，スーパーバイザーの役割に対する理解が変わってきます。このように，スーパーバイザーは，個々のスタッフ，特定のグループや職場コミュニティの能力開発を支援するだけでなく，職場文化やより広い社会に多様な影響を与える存在なのです。このスーパーバイザーの役割の新しい定義に，スーパーバイザーとスーパーバイジーの両者ともが，これまでの通常の認識を改めることが求められます。おそらく最も難しいタスクは，スーパービジョンにおける日常的な状況を，職場文化という全体的な分野と関心に結びつけ，それを通して社会全体の変化につなげることでしょう。

スーパーバイザーは，自分自身やスーパーバイジーの経験が，仕事の一般的な条件とどのように結びついているのか，そして，それらが社会について何を物語っているのかを考えなければなりません。個々のスタッフ，グループ，コミュニティの経験は何を意味するのでしょうか？彼らの身近な環境にとって，どんな意義があるのでしょうか？それが地域やより広い範囲での社会において，どのような行動につながっていくべきでしょうか？以降，スーパーバイザーのタスクや課題をどのように区別して理解したらよいのか，一般的なレベルで述べていきます。

スーパーバイザーは，主にスーパーバイジーの**仕事における学びを導きます**。これまで紹介してきたように，スーパーバイザーは，スーパーバイジーが自分自身の日々の仕事から学び，それによってその分野の専門家として成長することを目指すプロセスをスタートさせ，支援し，導きます。スーパーバイザーは，スーパーバイジーが自分の仕事におけるリフレクションを助け，導くべきです。具体的には，質問を通して仕事に関連する現象を検討することを助け，さまざまな行動の選択肢を一緒に考え，そして自分の行動の結果を吟味することです。学習プロセスをサポートするためにスーパーバイザーは対話的な関わりを生み出すことを目指します。それによって，グループのさまざまな経験から関係者全員が利益を得るための最善の方法を可能にします。

スーパーバイザーが，仕事における学習の専門家として組織に雇われた場合，**職場文化の開発者**としての責務も担います。スーパーバイザーは自分の専門知識と

第1章　職場におけるスーパービジョンの役割　　*25*

理解したことを提供し，顧客である組織の管理と能力開発を支援しなければなりません。そのためにはスーパーバイザーは，スーパービジョンでスタッフがどのような経験を取りあげたのか，スーパーバイジーの仕事や組織の機能についてどのような理解を得たのか，管理者と話し合う必要があります。目的は，スーパービジョンで培った学習プロセスを組織全体の能力開発に役立てることです。本書の後半でスーパーバイザー，スーパーバイジー，組織の間の協力関係についてさらに詳しく説明します。

　スーパーバイザーは，さまざまな職種のスタッフ，職場コミュニティ，組織と関わることで，仕事に関する多くの問いについての多才なエキスパートになります。この立場から職場文化や社会全体の発展に影響を与えるよう努めることもできます。スーパーバイザーは，**民主的な生活様式を促進する役割**を果たすのに十分な資格を持っていると私たちは考えています。このような役割を果たすことは，多声的な対話と協力を守り，その対話と協力をスーパーバイジーの日常業務，組織，職業上のネットワークに導入することを意味します。

　このようにスーパーバイザーとして活動することは，やりがいや感動がある一方で，ときには混乱や困難も伴います。また，スーパーバイジーとの対話は，スーパーバイザーの経験を深め，豊かにすることが多いのですが，職場文化におけるネガティブな現象は，時としてスーパーバイジーと同様にスーパーバイザーも苦しめ，スーパーバイジーのニーズや希望に必ずしも満足のいく形で応えられないことがあります。また，スーパービジョンは精神的に非常に厳しいものです。スーパーバイザーは，たとえ結果がわからなくても，安定した手腕でプロセスをガイドしなければなりません。おそらく，この確実性と不確実性の組み合わせが，スーパーバイザーになる人の興味をそそるのでしょう。

　ここで紹介する職場文化におけるスーパービジョンの役割についての私たちの考えは，一般的なスーパービジョンの理論や実践の中では，まだ十分に論じられていません。そこで，次章以降では新しいタイプのスーパービジョンの理論的基盤を作り，それを実践する方法を紹介することにします。本書はスーパービジョンの基礎，実施，手法，最も基本的な形式などを一貫して説明する「ハンドブック」の形としました。私たちのスタイルは学習的で，テキストは成功の実現と必要条件を強調しています。それでも，私たちはスーパービジョンの課題や難しさを軽視したり，多くの難しい課題については明確な答えがないことを見過ごしたくはありません。

26　第Ⅰ部　スーパービジョンの基本事項

スーパービジョンをより幅広く発展させるには，結局は，スーパービジョンが提供するユニークな機会を考察し，そこから学びを得るために**スーパービジョンに関わる全ての専門職**が意図的に努力しなければなりません。スーパーバイザーは，スーパービジョンについて，またスーパービジョンが最善の状態で何を達成できるかを学ぶために，自分自身の仕事を継続的に検証する必要があります。同時に，**それぞれ自分自身の分野**で協力と対話をすすめる努力も必要です。仕事や社会にとらわれることなく，他者との議論を始めるために，互いにつながり，学習コミュニティを作る必要があります。そうすることによってのみ，スーパービジョンをより広く職場文化や民主主義に貢献するツールに発展させることができるのです。

第 2 章

学習プロセスとしての
スーパービジョン

　本章では，スーパービジョンを日々の仕事の中で形成される経験を分析する学習プロセスと捉えています。仕事におけるより一般的な学習と結びつけて考え，学習に影響を与えるいくつかの要因についても述べています。そして，スーパーバイザーが実践においてこれらの要因をどのように考慮すべきかを探求します。

変化と能力開発としての学習

　人の学習能力はとても優れています。私たちは，常に周囲と交流しながら学んでいます。私たちは，観察し，さまざまな方法を試し，フィードバックを求め，自分の経験を解釈します。これまでの経験や，それに基づく周囲の解釈が，未来の行動を大きく左右するのです。ここ数十年，学習についての研究は，より包括的かつ多様に学びのプロセスを明らかにしてきました。現在の研究では，人は幼少期から老齢期までのすべての経験を通して，常に学んでいるという考え方で一致しています。

　しかし，すべての学習が，その人自身や周囲の理解に役立つというわけではありません。私たちは常に価値あるものと不利益をもたらすものの両方を学び，正しい見方と間違った見方の両方を選択し，賢明な方法と不合理な方法の両方に基づいて行動を変えます。そのため，スーパービジョンでは，必然的に有益な学習と有害な学習の両方を扱うことになります。

　今日，学習は基本的に**社会的なプロセス**であり，それは特に人々の**相互作用**に影響されていると理解されています。それは他者と共に考え，行動し，感じるこ

28　　第 I 部　スーパービジョンの基本

とによって学ぶということを意味します。専門職の能力開発とは，職場での実践
や考え方を取り込むことによって生じる学習の結果です。他者と協働し，その中
で知識やスキルを身につけることは，仕事における学習の中心的な形です。仕事
において目標に向かって知識を身につけることは，専門性を高めるためにも，実
際に仕事をする上でも欠かせないものです。

　能力開発や学習が社会的に行われると考えた場合，職場がどのようなコミュニ
ティであり，どのような学習の機会が提供されているかに注目することが特に重
要となります。職場や組織の中では異なる文化が形成されており，それは物理的
にも，社会的にも，職場や組織内の相互作用や学習を統制しています。職場コミ
ュニティでは人々は仕事について学ぶだけでなく，自分自身，自分のスキル，目
的，感情，行動についても学びます。

　最善の形のスーパービジョンは，非常に意図的な学習プロセスであり，職場コ
ミュニティやスーパーバイザーが必ずしもそう認識していなかったとしても，常
に学習と結びついています。すべてのスーパービジョンは，人がどのように学ぶ
か，またスーパービジョンにおいてどのような学びが生じるのかについて研究さ
れ，かつ構造化された理解に基づいて行われるべきです。私たちはスーパービジ
ョンを活用することで，職場での多様な学びを支援するような学習環境を作るべ
きだと考えています。最も理想的な形は，スーパーバイジーの専門家としての成
長と，職場における仕事の能力開発の両方をサポートすることです。目的に応じ
た学習環境を作るには，職場の学習プロセスに影響を与える要因を理解する必要
があります。

職場における学習

　意味のある学習のプロセスは，職場で自然に発生するとは限りません。私たち
は常に仕事で学んでいるにもかかわらず，自分の経験から得られる可能性をいつ
も最善の方法で活用しているわけではありません。仕事での学びの多くは，試行
錯誤による浅い反応で終わってしまいます。私たちは，自分の行動が望ましい結
果をもたらさないことに気づくと別の方法を試し，うまくいく方法を見つけたら
それを採用するのです。

　このようなことは，なぜある行動が望ましくない結果をもたらし，なぜある行
動は望ましい結果をもたらすのか，というリフレクションなしに起こり得ること

です。この場合，行動とその結果は切り離されたままです。私たちは，新しいやり方を学びますが，行動に影響を及ぼす要因についてはあまり学びません。その結果，同じような問題を繰り返し，対処しなければならなくなり，ついにはフラストレーションを抱えてしまうかもしれません。全く新しい課題に直面したとき，私たちは同じ古い解決パターンを繰り返してしまうのです。そのため，私たちの行動は柔軟性に欠け，一元的になります。スーパービジョンのタスクは，試行錯誤を交互に繰り返す単純化された行動のプロセスを一旦中断させ，スーパーバイジーを目標志向の構造化された学習に向かわせることです。

　現在の専門職は，**タスク指向，成長する能力，本人の自発性，多階層的な職場環境，協力の重視**により特徴づけられています。これらのいずれも，さまざまな種類の挑戦すべき課題を含んでいます。スーパービジョンでは，これらの課題に向き合い，仕事に対する健全な経験を生み出せるように努めます。スーパービジョンが，スーパーバイジーの専門職としての成長と仕事の能力開発の両方に最善の形で役立つためには，スーパーバイザーは，現在の専門職としての課題が仕事における学習にどのように影響するかを理解しなければなりません。

　仕事は**タスク志向**です。スタッフには一日の勤務時間の中で行うべきタスクが決められていますが，このタスクは固定的なものではありません。スタッフには常に自分の専門性を作り直し発展させることが求められています。もはや入職時に自分の専門分野の知識やスキルを持っているだけでは十分ではありません。常に専門性を高めていかなければならないのです。新しい内容，スキル，手法を学ぶとともに古い知識やスキルを放棄する必要があります。

　明確な勤務時間を設けず，スタッフが自ら勤務時間を決められる分野も増えています。しかも，割り当てられた時間内に仕事をこなせないこともしばしばあります。そのため，勤務時間が長くなったり，仕事を自宅やプライベートな時間に持ち込んだりすることがあります。多くのスタッフにとって与えられた勤務時間の中で自分のタスクをこなすことは，日常的な課題となっています。こうした課題を抱えたスタッフを支援するために，タスクの内容を十分に理解している管理者が，すべての分野に配置されているわけではありません。このような状況では，スタッフが自分のタスクの内容を振り返り，構造化し，優先順位をつけるためのスーパービジョンが必要となります。

30　　第Ⅰ部　スーパービジョンの基本

例：チームリーダーが自分の仕事を明確にする

　ナタリーは，大企業のさまざまな部署に専門的なサービスを提供する仕事を 5 人のチームで長い間行っていました。このチームは，とても自律的に仕事をしていました。直属の上司は他に多くの部下を抱えており，チームの専門分野の内容を正しく理解していないため，ナタリーのチームの仕事に介入することを避けていました。組織が変わることになり，ナタリーのチームは新しいタスクとさらに大きな責任を担うことになりました。同時にナタリーはチームリーダーに指名されました。彼女はチームの新しいタスクに精通すると同時に，チームをリードしていかなければなりませんでした。しかし，この組織ではチームリーダーの責任がどのようなものであるべきかが検討されていませんでした。ナタリーの勤務時間では，新しいタスクの学習プロセスとしてスーパービジョンに取り組むには，まったく不十分でした。労働時間が長くなり，それまで楽しく感じていた仕事にイライラしたり，苦痛を感じたりするようになりました。

　ナタリーはスーパービジョンに参加し，変化した自分の仕事の状況を振り返りました。スーパーバイザーの助けを借りて，彼女は自分の新しいタスクの内容を分析し，自分自身とリーダーシップの関係について考え始めました。スーパービジョンで明らかになったことは，ナタリーはチームメンバーが新しい状況下でうまくやっていけるかどうか心配なため，チームリーダーとして他のメンバーの仕事をするようになったことです。スーパーバイザーはナタリーに自分がとった方法について立ちどまって考えてもらい，先に進むために別の方法を考えるように促したのです。ナタリーはスーパービジョンを通して，チームリーダーの役割について混乱していることを上司に話す勇気を得ることができました。そして，上司の助けを借りて自分の仕事を明確にし，定義することができたのです。

　職場では仕事のペースが早く，しかも**目まぐるしく変化**するために，自分自身の行動を振り返るために十分な時間をもつことが難しくなりがちです。そのため，スタッフは新しい状況に迅速に対応する方法として試行錯誤することしかできなくなります。これは長い目で見ると，スタッフに大きな負担を強いることになります。このような負担は，残念ながら，スタッフが自分のエージェンシー（主体

性）や専門性を狭めることにしかならないような手法を学ぶことになりがちです。受身的なモデルでは，しばしば消極的になったり，自分や他者の可能性を過小評価したりします。一方で，より能動的な方法は，自分のうわべだけの行動を増やしたり，同僚の行動に過干渉になったりします。

このような行為は，通常，自分自身のリソースが足りない時に自分を守ろうとする試みです。しかし，それは反動的な行動を増すことになり，最終的には孤立感や無力感をもたらすことにもつながります。さらに周囲についての観察とその解釈をゆがめたり，狭めることにもなります。その結果，加速度的に下降線をたどり，自分の仕事を統制できなくなるのです。

統制を失うと，不安，怒り，恐れ，罪悪感，恥など，さまざまな感情が生じます。そのような感情のもとでは，人はもはや自分の行動から学ぶことはできません。このような場合，スタッフがいったん立ち止まることができるようにスーパービジョンを行うことが必要です。スーパービジョンの場面では，仕事のプレッシャーから生じるさまざまな感情を解きほぐすことから始めます。スーパーバイザーは，スーパーバイジーの最も不快で困難な経験にも共感をもって対応し，それらに対処するためのサポートを提供することに努めます。

スーパーバイザーの任務は，あらゆる感情を表出することが許される信頼感と安全性を築き上げることです。通常，感情は共感的に受け入れられ，それを表現するための十分なスペース[訳注4]が与えられると落ち着き，明るくなるものです。スーパーバイザーは，スーパーバイジーがこうした感情が生じる背景や弊害をもたらす行動について批判的に見直してみることによって，仕事をより深く，多面的に検討できるように支援することができます。ときには，感情的な爆発がスーパービジョンのセッション全体を占めてしまい，スーパーバイザーが職場での学習や専門職としての能力開発に関する質問を検討することができなくなることがあります。このような状況が繰り返されるとスーパーバイザーも混乱し，疲弊してしまいます。スーパーバイザーは，スーパービジョンが効果的に作用している

訳注4）スペース：「空間」「場」などの日本語訳がありますが，対話において内省や発言のための，時間的，空間的，会話の中で確保される関係性の上での余白や間のことを意味します。「未来語りのダイアローグ」提唱者のトム・アンキル Tom Arnkil 氏は「ダイアロジカル・スペース」には，「物理的，時間的，精神的，社会的，言説的」の5つの分野が含まれると述べています。【文献】Arnkil, T.（2019，浅井伸彦訳）Dialogical Space ─対話的空間を生み出すこと．NPO 法人ダイアローグ実践研究所発行．

か，それとも単なる感情発散の場になってしまっているかを考えなければなりません。

　現在では，仕事を行う上でほぼすべての場面で**スタッフの主導性**が求められ，スタッフ自身のエージェンシー（主体性）を強化することが求められています。スタッフが自分の仕事の対象をどのように認識し，自分の専門性をどのように経験するかによってエージェンシー（主体性）の本質が決まります。仕事上の役割を認識することは，スタッフの仕事に関する経験がいかに包括的で構造化されているか，あるいは逆にいかに狭く断片的であるかによって特に複雑になります。自分自身の仕事に関する包括的で構造化された経験は，エージェンシー（主体性）をサポートし，高めます。一方，狭く断片的な経験では，スタッフ自身の行動を方向づける力が弱くなります。また，エージェンシー（主体性）は，学習者としての自分自身を柔軟かつ現実的に認識することや，リスクを許容できる安全で寛容な環境によって支えられています。

　スーパービジョンは，スタッフのエージェンシー（主体性）をサポートする上で大きな意味を持ちます。スーパービジョンの最も優れた点は，スーパーバイジーが目標志向の計画を立て，自分の行動を評価することを支援することです。スーパービジョンは，その人自身の能力を高め，その人の行為の目標やその目標と自身との関係について理解を深めます。スーパービジョンではスタッフが自分の専門性を検証し，求められている役割に応えているかを確認することができます。また，スーパービジョンは，自分自身の職場コミュニティへの参画とその機能を検証する可能性を提供します。特にコミュニティ・スーパービジョンでは，スタッフが一緒に話し合って決める機会や，仕事の目的をはっきりさせ，行うべき行動を明確にする機会を提供します。スタッフが職場の慣習に影響を与え，それを積極的に形成する機会があれば，エージェンシー（主体性）は職場コミュニティとの相互作用の中で強化されるのです。

例：コミュニティ・スーパービジョンにおける意味交渉[訳注5]

　10人のスタッフで構成されている，ある職場コミュニティが，短期集中型

　訳注5）意味交渉：言語学の専門用語であり，対話をする中でうまく理解できなかったりする状況が発生した時に，お互いに対しての理解がより明瞭になるまで行う対話のプロセスを示します。

の新しいケアの方法を試みることになりました。このアイデアは，組織の最高責任者から出たものでしたが，決まったモデルは提示されておらず，詳細については自分たちで計画する必要がありました。この変化に対して，職場ではやる気と抵抗の両方がありました。中には，プロセスが短くなることで仕事の質が落ちるのではないかと心配するスタッフもいました。より多くのクライアントに，より早く支援を提供する機会だと捉える人もいました。意見が別れたため，新しい仕事の展開方法をしっかりと設計することはできませんでした。この課題がスーパービジョンで取り上げられました。

　スーパーバイザーはスタッフに，新しい仕事の展開方法に対する意見や希望，不安を尋ねました。スーパーバイザーは，スタッフに，その時点での自分自身の個人的な見解にとらわれることなく，両方の視点から新しい仕事の仕方について考えてみるよう促しました。リフレクションによって，どのようなクライアントが短期集中型ケアの恩恵を最も得ることができるのかが明確になりました。こうして新しい仕事の展開方法は，職場コミュニティの中で，より的確な内容と意味をもつようになりました。特定のクライアントに特定の支援を提供するための意図的な形になったのです。スーパービジョンで意味交渉を行った後，職場全体で新しいモデルの開発に取り組むことができました。

　ここ数十年で職場の組織や実務は**多層化**すると同時により複雑になってきています。個々の職場コミュニティは，さまざまな領域の組織や多様な種類のネットワークとつながっています。それぞれの人の仕事のタスクも，絶えず変化しながら互いにつながっているのです。スーパービジョンでは，個人のスーパーバイジーやグループがより広い存在とどのようにつながっているか，そしてスーパービジョンがこのつながりにどのような影響を与えるかを理解することが重要です。また，スーパーバイザーは，組織の最終目標が何であるか，そしてスーパービジョンとその最終目標がどのように関連しているかを知っていなければなりません。スーパービジョンは，変革期においては，スーパーバイジーが自分自身の仕事や職場コミュニティについて，仕事の構成単位，組織，ネットワークといったより広い存在の一部として理解することを助けます。

　うまくいくと，スーパービジョンはコミュニティや組織全体の学びをサポートします。コミュニティ学習は，ある部分を変化させることで全体に影響を与える

システム的なプロセスです。しかし，その効果はいつも予測不可能です。コミュニティ全体の意識的な学習と能力開発には，システム的な思考とプロセス全体を方向づけることが必要です。これは主に組織の管理責任ですが，スーパービジョンは学習を促したり妨げたりする要因を認識し，変化の影響について考える際に役立ちます。

多層化とネットワーク化がすすんだ職場においては，**協働作業**の可能性と課題が強調されています。協働作業がうまく機能するためには，参加者が相互に理解し，行動に共通の意味を持たせることが必要です。共通の目標を設定し，その目標に向かって努力し，そして関係者のそれぞれの強みを活用するための相互作用が求められます。相互作用が機能すれば，協働者が存在することで1人では解決できないような複雑な課題も解決できるようになります。

スーパービジョンには，オープンで教育的な環境の中で協働作業や共通の知識の育成に取り組むような場合も含まれます。スーパービジョンは仲間の動機や視点を理解し，より良い協力関係を築くことを目的としています。なかには緊張関係にある関係者を共同セッションに招待する勇気ある人もいます。

例：スーパービジョンの中で構築される協力体制

少年犯罪や危険な家庭訪問において警察は重要な協力者であることから，児童相談所のスタッフは以前から警察との関係性について考えていました。しかし，この協力関係には多くの課題がありました。スタッフは，警察が必ずしも児童保護の目的や手法を理解しているわけではないと感じていました。スーパービジョンでは，最も重要な協力関係にある警察官をいつものスーパービジョンに招くという案が出されました。警察も同意してくれました。

警察との共同セッションの前に，スーパーバイザーは児童保護員に，警察の立場に立ち，警察官の視点からは自分たちがどのように見えるかを説明するように求めました。スタッフたちは，最初はこの取り組みを面白がっていました。自分たちがもつ典型的な警察官像のパロディを面白がって演じていたからです。しかし，スーパーバイザーは，「警察」が児童保護の法律や実務についてどのようなことを知っているのか，真剣に尋ねました。スーパーバイジーたちはやがて，自分たちの仕事を方向づける原則や概念が，おそらく警察にはまったく理解されていないことに気づきました。その結果，警察との共同セッションでは，自分たちの仕事の基本のうち，どのようなことを説

明すべきかを考えるようになりました。また，スーパーバイジーが明らかにしておきたい警察官の仕事に関する質問もまとめました。

　共同セッションでは，両者がそれぞれの仕事の基本について説明し，説明について不明な点を尋ね合うことができました。その後，両者は，協力関係を発展させるための重要なポイントについて，より詳細に合意することができました。

スーパービジョンにおける効果的な学習

　スーパービジョンは，どのような学習状況，学習環境を作り出しているのでしょうか。セッションの回数，時間，頻度，参加者数，フォローアップ，評価，結果など，スーパービジョンを実践するための具体的な条件について，立ち止まって考えることはあまりないでしょう。しかしこれらの要因は，スーパービジョンで何が行えるか，何が達成できるか，スーパービジョンの中でどのような学習が生じるかに重大な影響を及ぼします。

　スーパービジョンのプロセスやセッションの期間は，学習に影響を与える最も重要な要素です。スーパービジョンのセッション時間は短く，通常頻繁に行われません。これはスーパーバイザーにとって難しい課題です。まず，対面での作業が少ないがゆえに，学習効果を高めるために重要となる相互作用の環境を整えることが課題となります。また，スーパービジョンのセッションという実際の仕事から離れた状況下でスーパービジョンが行われること自体も難しくなる要因の1つです。実際の仕事の状況から離れることはスーパービジョンの重要な利点ではありますが，生産的な学習にするためにスーパーバイザーに多くのことが求められます。

　特にグループやコミュニティのスーパービジョンでは，学習をサポートする形で相互作用を促すことがプロセス自体の大部分を占めることもあります。相互作用の練習をするだけでもスーパーバイジーの協力的なスキルを向上させることができるのです。しかし，学習が行われるためには，**相互作用のための安全かつ好意的で刺激的な環境**を作ることが重要です。同時にスーパーバイザーは，参加者が仕事に関する**自分自身の問い**を形成するように求めていく必要があります。この2つを両立させるのは大変なことですが，これこそが優れたスーパービジョンの目指すところです。

36　　第Ⅰ部　スーパービジョンの基本

スーパーバイザーの最も重要なタスクは，しばしばセッションの心理的・社会的安全を確保し，促進することです。お互いのコミュニケーションのバランスをとり，より対等にするアプローチや，明確なコミュニケーションのための構造や原則を保ち続けることで，取り組みの安全性や開放性を向上させることができるのです。第4章では，スーパーバイザーがスーパービジョンにおける学習をサポートするための対話的な関わりをどのように作り出せるかについて述べています。

　またスーパーバイザーは，プロセスのどの段階でどのようなテーマを取り上げるべきかについても検討する必要があります。最初のうちは比較的安全で一般的な課題を取り上げることが必要です。セッションの成功体験はプロセスの機能と安全性に対するスーパーバイジーの信頼につながります。スーパーバイザーや参加者同士の信頼関係が徐々に構築され，よりデリケートなテーマを話し合えるようになることもあります。

例：グループ内の信頼関係の構築

　ある組織の管理職のグループから，スタッフたちの個々の仕事の状況についてセッションで取り上げてほしいという要望がありました。しかし，最初のセッションでは，誰も自分のケースを話そうとしませんでした。これは，参加者が困難な状況において，自分自身の混乱や不全感について話せるほど，グループが安全だと感じられないからではないかとスーパーバイザーは推測しました。そのため，スーパーバイザーは方法を変えることを提案し，みんなに関係するような管理職上の一般的なテーマについて話し合い，テーマに関する経験や疑問について振り返ってみるように提案しました。方法を変えたことでグループは安心しました。テーマに沿って取り組むことは興味深く，自分たちの助けにもなったようで，徐々にスーパーバイジーは自分が抱える困難な仕事の状況を持ち出す勇気を持てるようになったのです。

　ここ数十年，学習に関する心理学的研究が進んだことで，スーパービジョンに不可欠な**学習を統制する要因**についての理解も深まってきています。すべての学習には一定の共通要因が影響していますが，個人やコミュニティの学習プロセスは，学習者の生活状況やこれまでに学んだこと，経験したことに応じてさまざまな形で形成されていきます。近年の研究に基づいて，いわゆる**社会構成主義的な学習理論**が作られています。そこでは，行動や知識，構造化した経験によって構

成される学習者自身の活動や学習が強調されています。

　私たちは，スーパービジョンを実践する上で特に重要と思われる3つの要素を取り上げます。それは，「新しい経験と古い経験を結びつける」「注意の方向づけ」「学習の伝播（仕事への活用）」です。

新しい経験と古い経験を結びつける

　学習する時に，人は自分自身と世界についての理解を構築し，形成し，固定化しています。学んだことは，常にそれまでに経験したことや構造化されたこととの関連で考えることが不可欠です。人は自分を取り巻く環境を観察し，これまでの経験で形成された習慣，信念，解釈に基づいて自分の経験を構築しています。新しく学んだことは，それまでに身につけた経験や知識によって形作られ，その一部としてつながっていきます。学習を有意義なものへと方向づけるには，スーパーバイジーの個々の出発点を考慮し，彼らの能力開発を継続的に観察する必要があります。

　スーパービジョンでは，参加者の知識や経験，そしてその解釈を考慮することが不可欠です。短時間で頻繁に開催できないミーティングでは，議論されたトピックやスーパーバイジー自身の課題を素早く特定しなければならないというプレッシャーが生じます。参加者が事前に持ち合わせている課題に関する知識や経験は，効率よく活用するべきです。

　10人以上のグループでは，スーパーバイザーは個々の参加者の経験や能力開発をフォローすることが難しくなります。このような状況では，スーパーバイジーも自分にとって重要な経験を分析する時間と空間が少なくなってしまいます。このような場合はグループを2〜3人の小グループに分けてワークすることによって学習を促進することができます。

例：過去の経験を活性化する

　人事担当の管理者たちのセッションにおいて，次回，スタッフの仕事上の疲労について取り上げることが決まりました。セッションの冒頭，いつものように忙しい日々を過ごしていた管理者たちが到着しました。スーパーバイザーは，合意の得られたテーマについてできるだけ早く参加者たちを活発にさせようとしました。スーパーバイジーたちを2人1組のペアにして，ここ

に来るまでの仕事の状況について簡単に話し合ってもらうことにしました。その結果，活発な議論が行われ，参加者の意識は忙しい日常から落ち着いたスーパービジョンへと向けられていきました。この後，スーパーバイザーはペアに対し，自分の仕事における最近の疲労体験について思い出してもらいました。2人1組で話し合った後，これらの体験をホワイトボードにまとめました。すべてのスーパーバイジーたちが選んだテーマについて個人的な経験を持っているため，テーマに集中して取り組むことができました。

注意の方向づけ

　人には経験や情報に集中できる限界があり，そのことによって学習プロセスは強く制限されています。私たちは単純にどんな量でも何時間でも学べるわけではありません。私たちの注意力は限られており，選択的に出会ったものの一部しか思い浮かべることができません。私たちが注意を向けられる範囲は生理学的に限界があり，先に述べたように，私たちの注意はこれまでの経験やそれによって構築されたものに方向づけられます。

　注意の方向性によって私たちの直近の体験の焦点が決まります。この焦点内にあるものが，私たちの注意を引くのです。焦点の中核の周辺には**フリンジ**（縁，p.24 注釈あり）のようなものがあります。このフリンジには，その瞬間に私たちの経験の端の方に存在するあまり重要でない，あるいは当たり前と思えるようなものごとが含まれます。例えば，本を読むのに集中しているとき，私たちは読んでいるテキストに注意の焦点を移動させます。その時の私たちの経験のフリンジは，私たちの近くの環境（椅子，テーブル，周囲の空間やその音）や，読書する前の関連した経験です。焦点とそのフリンジは互いを限定し合います。フリンジに置かれるものは焦点によって決められるのです。内容も，焦点とフリンジの関係も，絶えず変化します。さっきまで注意のフリンジにあったものに焦点があたり，さっきまで注意の焦点だったものがフリンジへと移動します。

　スーパーバイザーは，スーパーバイジーの注意の焦点を観察する必要があります。実際には，スーパーバイジーが議論している内容と結びつけているものやそれに関連してどのようなことを考えているかについて，スーパーバイザーが観察し，質問することを意味します。

　それと同じように目下の注意をとりまいているフリンジにどのようなものがあ

るのかを観察することも大切です。新しく創造的なアイデアは，最初は注意のフリンジに現れることが多いかもしれません。創造的なアイデアを発展させるには，通常の焦点から体験の端へと注意を巧みに動かす必要があります。そのためには，スーパーバイザーとスーパーバイジーの双方が自己観察について学ぶことが求められます。

　スーパーバイザーは，参加者によって語られた体験に伴っているトピックやイメージ，感情について，自身で検証することができます。スーパーバイザーは，ほとんど無意識的にいつも繰り返されていること，語られていないこと，あるいはスーパーバイジーの表現（比喩，ジェスチャーなど）が何を指しているのかを自問することができるのです。このような注意のフリンジにあるものに気づいたとき，スーパーバイザーはそのことについて参加者と話し合う必要があります。あるトピックや表現の繰り返しに気づいたと言ったり，繰り返される比喩について考えてみたり，観察した感情について話し合ったりすることができます。スーパーバイザーは，これらの観察を自分の解釈として提示し，明確な質問をすることが大切になります。また，スーパーバイジー自身にも「その話題についてまだ語られていないことは何でしょうか？」「今，他にどんなことを思い浮かべていますか？」と自分の体験のフリンジにどのようなものがあると感じているか考えてもらうこともできます。

　仕事全体に関連しているものに対して注意を向けられるようにすることが重要です。そのためにはスーパービジョンのセッションの**目標を設定**し，その目標について合意し，適切な**抽象度を見極める**ことが求められます。スーパービジョンには，さまざまな仕事の現場の人がやってきます。最初は参加者の注意を日常業務における具体的な課題や混乱に向けることができます。これらはスーパービジョンで学ぶための重要な出発点であり，材料となるものです。したがって，スーパービジョンのセッションは明確な構造を持っている必要があります。

　まず，参加者が現在，仕事でどのようなことに悩んでいるのか，何に夢中になっているのか，簡単に調査するところから始めるべきです。これには中核となるトピックを選ぶというだけでなく，提案されたテーマの中で参加者が何を重要視しているかを問うという意味もあります。こうすることで，スーパーバイザーは，これらのトピックの中でスーパーバイジーがどこに注目しているかについて正確に知ることができます。

40　　第Ⅰ部　スーパービジョンの基本

例：注意がどこに向いているか確認する

　ラリーは，自分が欠席していた職場の会議での上司の横暴なふるまいについて親しい同僚から聞き，その困難な状況について相談したいと思っていました。その同僚は上司の行動に深くショックを受け，上司とどのように話し合えばいいのか，ラリーに相談してきました。スーパーバイザーは，ラリーがその同僚を助けるためのいくつかの方法を考えたいのだと思い，そのアプローチ方法について，すでにいくつかの考えをまとめていました。とはいえ，まずはラリーがこの件について，何を最も重要だと思っているかを確認することにしました。その答えにスーパーバイザーは驚きました。実は，ラリーの関心はどうすれば同僚を助けられるか，どうすれば状況を解決できるかということに向いていなかったのです。それよりも自分がその場にいなかった状況に対して自分が関わることが倫理的に正しいかどうかについて考えていたのです。このことは，セッション全体の方向性を変えました。スーパーバイザーは解決策を考えるのではなく，スタッフと上司の権利や責任に関するラリー自身の認識を整理する手助けをしました。

　仕事の内容や与えられた状況だけに目を向けていると，試行錯誤の末に，即効性のある解決策へと導いてしまいがちです。しかし，仕事の内容がどのように大きな課題と結びついているのかに注意を向けると，より創造的で継続的な学習が促されます。スーパーバイザーは，参加者の実務的な課題に関連する，より広い現象に議論を方向づけることができます。これはアイデアの**概念化**をサポートするもので，仕事や体験に共通する特徴を言葉で構築することを意味します。また，共通の概念を定義することは，学習プロセスの継続性をサポートします。モデルや概念化は，スーパービジョンのプロセスにおける抽象度を高め，それによって，スーパーバイジーがセッションの合間に学習し，セッションの冒頭でより迅速に議論の共有を始められるようにします。

学習の伝播（仕事への活用）

　スーパービジョンは日常業務の中で生じるテーマに焦点を当てなければなりません。そしてテーマは，スーパーバイジーが学んだことを職場で活かせるような

形で取り上げる必要があります。職場やスーパービジョンでの学習において，特に注意しなければならないのは学習の伝播，すなわち，スーパービジョンで議論したことをどのように仕事の場面に持ち込むかということです。

　スーパービジョンで学んだことを実際の仕事に反映させるためには，どのようなことが学習の伝播を統制するか知っておく必要があります。つまり，スーパーバイジーがスーパービジョンで学んだことを職場で活用するにはどのようなことが役立つのかを知っておかなければならないのです。学習の伝播はある程度自然に生じることが多く，そして，往々にして学習の目的は，さまざまな機能的な習慣となる行動を生み出すことなのです。

　例えば，読み書きや車の運転のような基本的なスキルは意図的に繰り返して行う習慣であり，そのようなスキルを新しい状況に応用するには，それほど熟考を要しません。しかし，新しい状況では，意図的に繰り返して行う習慣に疑問を抱くこともあります。例えば，職場での仕事の変化により，さまざまな書類や報告書を継続的に読むことが要求されるようになった場合，今までに身につけた読み方の習慣は適切ではなく，そのスタッフは新しい読み方を習得しなければならないかもしれません。

　学習の伝播を左右する基本的な要因の１つ目は，学習した概念が学習者自身の現実と行動にどれだけ定着しているかということです。学習内容をこれまでの経験とできるだけ多様に結びつけ，今後の活用を視野に入れた構造にしておけば，学んだことを将来的に活用しやすくなります。

　２つ目に，学習の文脈は伝播に大きな影響を与えます。そのスキルが実際に必要とされる状況に近い状況で学習できるならば，学習はより伝播されやすくなります。スーパービジョンは通常，実際の仕事の場面から切り離されているため，スーパーバイザーは参加者に，スーパービジョンで学んだことを日常の仕事でどう活かせるかについて定期的に考えてもらうことが重要です。

　３つ目に，学習したことをさまざまな新しい場面で効率的に使うためには，ものごとを身近な文脈から切り離し，より一般化できるレベルで表現すること，すなわち抽象化することも必要となります。核心的で一般的な現象の特徴を見出し，それを概念化し，モデル化することが必要です。そのためには，通常，学習者の思考に概念的な変化をもたらす必要があります。つまり，学習者はものごとを新しい方法で構成し，分類できるようにならなければなりません。

例：抽象度を上げる

　ある青少年センターのスタッフはいつもセンターの若者と，困難な取り組み状況について話し合っていました。彼らの話を聞き，スーパーバイザーは，どうすればスーパービジョンで話されたトピックを実際の仕事の場面で生かすように促すことができるかと思案していました。スタッフが取り上げた状況は，彼らの日常的な取り組みの中の身近な体験に由来しているものであり，彼らはスーパービジョンを通じて，仕事のやり方を発展させるためのサポートを求めていたのです。議論は一般論に終始することなく，いつも個別のケースに焦点が当てられていました。これは，その若者に対する新たな実践を見出すことにつながったものの，スーパーバイジーが自分たちの仕事の本質を理解する上ではあまりプラスにはなりませんでした。

　あるセッションで，スーパーバイザーは別の方法でアプローチすることにしました。スーパーバイザーはスタッフに，最近の仕事で困ったことについてあげてもらい，それらを全員が見えるように書き留めました。その後，スーパーバイジーに，若者の成長における共通課題である事例についての発言を促しました。得られた重要なテーマは，「親からの自立」「性的アイデンティティの形成」「自分の将来設計」でした。これらの一般的課題の意味を明確にしたあと，若いスタッフたちはこれらの観点で，いつもの仕事の状況について再び検討しました。スーパーバイザーは，青少年センターでの日常的な状況が，青少年の成長課題をどのように体現しているかを尋ねました。スーパーバイジーは，自分たちの日常的な状況を，若者たちの成長発達の一部という新しい視点で見るようになったのです。それ以来，仕事の場面は，意識的に若者の成長という観点で捉えられるようになりました。これによって，単なる個別事例から，若いスタッフたちの青年期特有の成長発達に関する包括的な視点での議論を継続的に深めていくことができるようになりました。

　それゆえにスーパーバイザーは，参加者がスーパービジョンをプロセスとしてとらえ，直面する課題に取り組み，それを通じて仕事に役立つスキルや知識を得ることができるように努めなければなりません。しかし，これは必ずしもうまくいくとは限りません。セッションでの学習も，仕事へのスキルの転用も，スタッフの負担や職場の継続的な変化によって複雑になってしまうことがあります。し

かし，スーパーバイザーはたいてい，自分の役割の範囲内でこれらの要因について多くを行うことはできません。セッションによってスーパーバイジーの緊張や不安は多少和らぐかもしれませんが，必ずしも深い学びや仕事の能力開発ができる状況ではないという事実に対して，スーパーバイザーは寛容でなければならないのです。

　学んだことを適応させるという成功体験は，人々のエージェンシー（主体性）についての経験を強化します。スーパービジョンで学んだことをうまく活かすことで，スタッフは自分の仕事をより深く理解し，専門家として成長できるという自分の能力に対する信頼を築くことができます。このようにスーパービジョンはスタッフのエージェンシー（主体性）の育成に大きな効果を発揮します。

　学びをサポートする有意義なスーパービジョンのプロセスをどのように表現すればよいのでしょうか？　スーパービジョンの雰囲気は好意的で好奇心や探究心を刺激するものであるべきです。参加者の注意がスーパービジョンをどのように実践するかという点に必要以上にとどまらないようにするために，セッションは明確な構造を持つ必要があります。セッションの冒頭で，スーパーバイザーは，参加者の注意が，やり残したタスクやストレスの多い人間関係，余暇の計画などではなく，スーパービジョンで扱うトピックに向いているかどうかを確認する必要があります。

　セッションが進むにつれて，それぞれがスーパービジョンで取り上げられたテーマが，自分の仕事から直接生じたものであるとわかるようになるはずです。スーパーバイジーは，取り上げられたテーマに関連するこれまでの経験や知識を活性化することができるはずです。スーパーバイザーは，参加者が話題の中で何に注意を向けているかを観察し，この最初の視点からの前進を助ける必要があります。

　スーパービジョンにおいて，トピックの取り扱い方で重要となる要素は，課題が発生しうる仕事の場面のタイプを見出し，学んだことをいつ適用するかを検討することです。スーパービジョンで始まり，促進された学習プロセスを仕事の中で活かしやすくするためには，セッションの合間でも学習が継続されるようにすることが必要です。

　スーパービジョンで生じる学習は，スタッフの仕事とエージェンシー（主体性）の成長という観点から評価されるべきです。全てのプロセスを通して，スーパーバイジーは自分自身の仕事を振り返ることができるように成長し，スーパーバイ

44　　第Ⅰ部　スーパービジョンの基本

ザーはリフレクションを導く人として能力開発する必要があります。このことは，
自分の仕事の効果的なリフレクションをどのように定義するか，そして，それは
どのように導かれるのかという課題につながります。

第 3 章
リフレクションの方向づけ

　仕事における学習は，自分自身の行動を振り返ることで促進・発展させることができます。真のリフレクションとは，個人的な経験に根ざし，自分自身の行為とその結果について理解することに適しています。理想的なリフレクションは，仕事とその中で起こる学習の一部として定着します。この時，人は自分の経験から最も恩恵を受け，自分の行動を改善することができるのです。この章では，スーパービジョンでどのようなリフレクションが実践できるのか，またリフレクションはどのように方向づけられるのかを説明します。

スーパービジョンにおけるリフレクションの重要性

　スーパービジョンにおいて，リフレクションは，職場での学習を有意義な形で発展させ，学習の伝播を拡大するものでなければなりません。リフレクションは，スーパーバイジーが自分の経験したことを分析し，自分自身の行動の因果関係を認識し，現象の本質的な特徴を概念化するのに役立ちます。多様な方法でリフレクションを行う能力は，質の高い専門的な仕事とその能力開発にとって最も重要な要件です。スーパービジョンは，そのための優れた方法なのです。

　スーパービジョンにおけるリフレクションと職場でのリフレクションの本質的な違いは，スーパービジョンでは，外部の専門家によって方向づけられることです。つまり，スーパーバイザーは，リフレクションの導き手として働きます。真に価値あるリフレクションとは，単に自分の考えや気持ちを書き留めたり，自分の気持ちを吐き出したり，自分の行動をストレートに評価することではありません。このため，スーパーバイザーは「リフレクション」の本質を理解し，スーパーバイジーがより意味のあるリフレクションの方法を身につけるようにしなけれ

46　　第Ⅰ部　スーパービジョンの基本

ばなりません。

　それでは学習支援のためのリフレクション・プロセスとは何でしょうか？ それはどのように進行するのでしょうか？ また，そのプロセスはどのように方向づけられるのでしょうか？ リフレクションの進行は，いくつかの段階に分けることができます。ここでは，リフレクションの各段階を位置づけることができる**リフレクティブ・サイクル**のモデルを紹介します。スーパーバイザーは，リフレクションがどのような段階にあるのかを理解し，それぞれの段階でスーパーバイジーをどのように支援すればよいのかを理解することが重要です。このモデルは，スーパービジョンがどのようにあるべきかという厳密な指示として捉えるべきものではありません。むしろ，その目的は，スーパーバイザーがスーパービジョンにおけるさまざまな状況を区別し，あり得る方向を示すことにあります。私たちのモデルは，リフレクションと行動，つまり行動とその結果を理解することとの間の本質的なつながりを強調しています。また，行動や思考は**試行する**ことを通して発展するという考え方も含まれています。

リフレクティブ・サイクル

　リフレクションとは，一言で言えば行動や経験について考え，より深く理解することです。

　しかし，私たちは常にリフレクションを行っているわけではなく，何か気になることがあったときに初めてリフレクションを始めます。職場環境が変われば，さまざまな課題が生まれ混乱し**問題化**します。これは通常，スタッフが現在の慣行，習慣，信念にそって行動することができない，あるいはしたくないと感じるような状況を意味します。通常このような状況はタスクや職場環境が変化したとき，あるいは仕事量が増えた時に生じます。

　このような状況をスタッフがどのように経験するかは，これから起こる変化に対する考え方や，本人の能力，職場コミュニティで過去にどのように変化に対処してきたかによって，大きく異なる可能性があります。重要なのは，この状況が不確実性をもたらし，どのように進んだらよいか分からなくなってしまうことです。ときには，変化が本当に混沌としていて，仕事の質を低下させてしまうことがあります。じっくり考えることで，その変化がどのような意味を持つのか，また，その変化によって，仕事の目標や質を脅かす可能性があるかどうかを明らか

第3章　リフレクションの方向づけ　　47

にすることができます。それでも，新しい学びを得るためには，常にチャレンジが必要です。

　新しい困難に遭遇すると，たいていの場合，何らかの感情が沸き起こるものです。スタッフが不確実で断片的な経験は失敗を意味すると学んでいる場合，学習をサポートするために変化を利用することは難しいかもしれません。ネガティブな感情は，すべての注意とエネルギーを吸収するほど支配的になることがあります。このような職場コミュニティを弱める感情的な雰囲気に対処するために，しばしばスーパービジョンが必要とされます。もし，不完全であることをチャンスとして捉えることができれば，新しい考え方，つまり学習することに注意を向けやすくなります。いずれの場合も，スーパービジョンは学習プロセスをサポートすることを目的としています。

　困難な状況は，しばしば新たな行動につながります。リフレクションを行う際は，衝動に駆られてその方向に向かうのではなく，一歩立ち止まって状況を**分析**します。仕事で遭遇する（困難な）場面では，すぐに最適な行動をとることができないことがよくあります。仕事の問題は，通常，多層的で曖昧であり，混沌としているように見えます。つまり，解決すべき問題すらも明確でない場合があるのです。したがって，問題を発見し，それを意味のある問いに変換する方法を学ぶことが必要です。

　仕事の状況を振り返ることで，スタッフが仕事の中でどのような問題に遭遇しているかが見えてきます。例えば，ある問題がどのような広い文脈と結びついているのか，あるいはどのような異なる要素が絡んでいるのか，などです。これが，真のリフレクティブ・ラーニングと単なる試行錯誤を明確に区別するものです。

　生じている問題を発見し，それに名前をつけ，分析するために，スタッフは自分の仕事を新しい目で客観的に眺め，新しい視点を探し，見慣れたものを見慣れないものにする必要があります。生じている問題は，一歩引いて，より広い視野で具体的な質問をすることによって明らかになることが多いからです。そのためには，生じている課題に名前をつけ，課題同士のさまざまな関係やレベルを確認することが不可欠です。スタッフは，問題を一般的な言葉で説明するだけで，新しい視点を得られることが多いです。また，「課題には名前があり，自分だけの課題ではない」と捉え，無力感も減少させます。

　リフレクションとは，即座に行動を起こさず，問題のある状況を分析し始めることです。その結果，将来の行動を**予測**するのに役立つ代替案が思いつくことも

48　　第 I 部　スーパービジョンの基本

少なくありません。問題のある状況に対して，スタッフが「こうしたら良いのではないか」という提案を伝えることができます。

　このようなリフレクションは，すぐにいくつかの（あるいはすべての）提案を試行へとつなげるわけではありません。すぐに試行するのではなく，さまざまな提案の結果を想像することをスーパーバイジーに促します。そして，さまざまな提案は，その状況での最善の方法についてのアイデアに発展していきます。その提案は，その後に起こりうるさまざまなシナリオを想定し，その想定に沿ってスーパーバイジーが行動した場合に仕事がどのように変わるかを思い描くことで精錬化されます。例えば，クライアントや同僚，職場の関係者が，その変化に対してどのような反応を示すかを考えることができます。

　最終的に最も有望な提案を選択し**試行**してみます。その提案に基づいて，スーパーバイジーは仕事のやり方を変え，その結果を観察してみるのです。提案されたアイデアがうまくいけば，最初にリフレクションを行う発端となった混乱や困惑が解消されることが多いでしょう。スタッフは，何かのきっかけで再び課題が生じるまで，新しい方法で働き続けます。しかし，試してみてうまくいったからといってリフレクションを終えてはいけません。なぜなら，一度うまくいった行動であったとしても，それ以降に新しい予想外の結果が生じることはたびたびあるからです。試してみた効果を評価することで新たな推測や疑問が生まれ，その結果リフレクションを続けることができます。

　本来，リフレクションは**問題提起**から始まり，**分析，予測**へと進み，選択的かつ具体的な**試行**とその結果の**評価**へとつながるのです。このような行動から新たな疑問が生まれることも多く，リフレクションは螺旋状の連続的な**循環（サイクル）**を繰り返しながら機能しているのです（図1）。

　日常の中で，リフレクションは必ずしも順序通りにすすむとは限りません。定期的に疑問が生じ，試行や分析の試みが繰り返されます。また，リフレクションの各段階は重なり合うこともあり，分析の直後に行動を提案することもよくあります。また，各段階の長さもさまざまです。ある段階は早く進み，ある段階は長く続きます。ときには，前の段階に「戻る」ことが必要になることもあります。これは，分析または試行することによって，当初の疑問が誤りであった，あるいは不十分であったことが判明した場合によく起こります。このように段階を追って説明することは，スーパーバイザーがリフレクティブ・ラーニングを展開し，その方向性を示すのに有効です。これは，リフレクションのための基本的な構造を

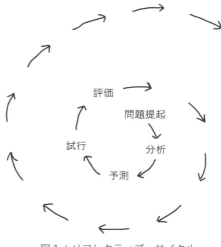

図1：リフレクティブ・サイクル

示し，その舵取りをし，継続性をサポートするものです。

リフレクティブ・サイクルにおけるスーパーバイザーの行動

　私たちの経験では，スーパービジョンのプロセスにおいて，各テーマをすべてのリフレクションの段階で実施することは実際には不可能であり合理的でもありません。リフレクションのそれぞれの段階を理解することは，スーパーバイザーがスーパーバイジーのリフレクションを支援するためのツールに過ぎません。スーパーバイザーのタスクは，リフレクションを**開始すること**，あるいは有意義な方法でリフレクションに**参加させること**，そして，それを生産的な方向へ**導くこと**です。またスーパーバイジーにリフレクションの理論を教えることも，しばしば有利に働きます。

　スーパーバイジーによっては，リフレクションの中心的な考え方をすばやく，かつ非常に簡単に習得することができます。一方でリフレクションを教わり実践した後でも，リフレクションが何であるかを十分に理解することができない人もいます。ほとんどの人はこれらの間に位置します。しかし，スーパーバイザーは，スーパーバイジーがリフレクションを完全に理解するのに時間がかかるとしても，一貫してリフレクションを奨励しそれについて教えるべきです。

スーパーバイザーのツールボックス^{訳注6)} 1：
問題を問いに変換する

　スーパーバイジーが問題と思っている状況が，時として彼らの思考や認識を狭めてしまうこともあります。出口を見出すことがほとんど不可能に感じられ，問題についての会話が繰り返されることもあります。ここで紹介する手法は，スーパーバイジーが仕事で困っていることや問題を具体的な質問へと発展させるのに役立ちます。同時にその状況に対する新しい視点を見出すことを目的としています。

　スーパーバイジーが困っていることや問題について話してもらう際には，まず概要を話してもらい，その後で質問をしながら状況を確認していきます。スーパーバイザーは，次のように質問することで，その手助けをすることができます。

- ・その状況について，あなたが分からない点は何ですか？
- ・あなたは，何を心配しているのですか？
- ・問題は1つだけですか，それとも複数ありますか？
- ・それぞれの問題や疑問は，どのように関連しているのでしょうか？

　初めのうちは，スーパーバイジーが選んだテーマに関連した質問だけをすることが重要です。これは議論を通してスーパーバイジーはすぐに解決策を考えてしまうからです。あまりに早く進めすぎると，より意味のある質問をすることができなくなります。スーパーバイザーは質問を書き留めます。そして質問についてスーパーバイジーとスーパーバイザーが一緒に考えます。スーパーバイザーは，質問をすることによって課題をさらに明確にすることができます。

- ・あなたに関係のない質問はどれですか？
- ・それに回答できるはずの人は誰でしょうか？
- ・あなたがすでに回答できる質問はどれですか？

　課題が定義されたら，スーパーバイザーは，良い出発点となるような本質的な質問を1つあげるよう，スーパーバイジーに求めます。追加で良い質問の例をいくつか紹介します。

- ・今すぐ答えが欲しい質問は何ですか？
- ・何から始めるのが良いでしょうか？
- ・どの質問に答えれば，他の質問に答えられますか？

訳註6）スーパーバイザーのツールボックス：スーパーバイザーが実践する際に，ツールとして使用できる効果的な手法を紹介する道具箱です。

第3章　リフレクションの方向づけ　　51

前章で説明したように，セッションの最初に，スーパーバイザーは，スーパーバイジーが現在，仕事に関してどのようなテーマが気になっているかを確認する必要があります。通常，スーパーバイザーは，参加者に，現在の仕事の中で関心を持っている事柄を記述するよう求めます。この話し合いをしておくことで，スーパーバイジーたちは，テーマについてさらに深く話し合うための準備ができます。トピックは，あらかじめ決められていることもあれば，セッションの最初に出てきた課題から選ばれることもあります。どちらの場合も，スーパーバイジーが最もリフレクションしたいことをテーマにしたセッションとなります。この時点で，スーパーバイザーは，スーパーバイジーが日常の仕事の状況から選んだテーマについてより深く，より詳細にリフレクションするように手助けをします。

　スーパーバイザーは，リフレクティブ・サイクルのさまざまな段階において，スーパーバイジーが目的意識をもって自分の仕事のリフレクションができるよう支援する必要があります。リフレクティブ・ラーニングを行う際の，スーパーバイザーの最初のタスクは，**スーパーバイジーがリフレクティブ・サイクルのどの段階にいるのか**を確認することです。彼らは必ずしもサイクルの最初の段階にいるとは限りません。スーパーバイザーは，彼らのニーズを把握した後，問題提起，分析，行動の予測，試行の準備，結果の評価など，リフレクティブ・プロセスを進める手助けすることを目指します。

　スーパーバイザーは，スーパーバイジーのリフレクションの段階をどのように見極めるのでしょうか？　多くの場合，スーパーバイジーは，可能性のあるたくさんのトピックをあげます。これらは，順不同であげられることもあります。この際，スーパーバイザーは2つの要素に注意する必要があります。まず，スーパーバイジーの話の中には**どのようなテーマ**があるのかを見極めること，第2に，そのテーマとスーパーバイジーの間に**どのような関係性**があるか探ることです。そのような課題はどのように問題を提起するのでしょうか？　スーパーバイジーは問題提起の段階，あるいは分析の段階にあるのでしょうか？　彼らは解決策を探しているのでしょうか？　いくつかの選択肢はすでに試されているのでしょうか？　これらの要素に注目することで，スーパーバイザーは，その時点でスーパーバイジーにとって何が不明確なのかを把握し，彼らのリフレクションの段階を正確に把握することができます。

　学習に役立つリフレクションを始めるために，スーパーバイザーは，スーパーバイジーが実りある有意義な方法でリフレクションを行うようチャレンジしても

52　　第Ⅰ部　スーパービジョンの基本

らう必要があります。そのための最良の方法は，スーパーバイジーが変化の必要性や生じている葛藤をどのように表現しているかを考慮することです。その緊張感を利用することで，彼らを刺激することができます。これは，例えば，議論の中で生じた対照的な取り組みや概念を並べることで実現できます。

スーパーバイザーは，スーパーバイジーが表現したことを，ミラーリング[訳注7]で返すことができます。スーパーバイザーは，彼らの考えや行動に矛盾があることに気づいた時は，そのことに注意を向けさせることができます。対立は常に問題に向けられる必要はなく，成功から学ぶことに焦点をあてることもできます。スーパーバイザーは，何が成功につながるかを本当に理解しているかどうかスーパーバイジーにリフレクションすることを求めることができます。ここではわかりやすくするために，スーパービジョンの最初の段階では，スタッフがサイクルの第1段階である「問題提起」にいるものと仮定して話を進めます。リフレクションの段階を一つひとつたどりながら，各段階で何ができるのか，私たちの見方を提示します。

慌ただしい職場環境では，混乱や問題意識から，提案や新しい行動様式を試すことに，たびたび急いでしまいます。その結果，疑問ばかりが先行し，状況分析がおろそかになりがちです。これでは新しい行動様式は生まれても，仕事に影響を与える要因の理解が深まるとは限りません。この場合，学習は試行錯誤で行われているだけで，リフレクションによって理解が深まっていません。

スーパーバイザーのタスクは，スーパーバイジーがリフレクションをせずに行動したり，試行錯誤していることに気づいたら，一旦立ち止まって，問題のある状況についてもっとよく考えてもらうことです。実際には，スーパーバイザーが「何が問題なのか」具体的に聞くことです。スーパーバイジーが最も生産的に学ぶためには，スーパーバイザーは彼らが問題を実際の仕事の状況や経験から生じる質問に変換するのを助けなければなりません。同時に，スーパーバイザーは，そのような問題を解決するために，次のことを確認する必要があります。

スタッフたちが自分たちの疑問を典型的な課題に変換できさえすれば，次の分析に進むことができます。スーパービジョンにおいて，分析を手引きすることは，

訳注7）ミラーリング：心理学用語で，相手のしぐさや動作をそのまま鏡のように真似ること。声のトーンや呼吸のペースを合わせることも含みます。ここでは，相手の言葉をそのまま繰り返すことを意味すると解釈します。

スーパーバイザーのツールボックス2：

ポジティブな例外を探す

　ポジティブな例外を探すことは，スーパーバイジーが有意義な仕事をするために役立つ事実を見つけるのに役立ちます。彼らが問題のある状況を言葉にしたとき，スーパーバイザーはそれをもっと詳しく説明するように求めます。彼らが問題を十分に説明したら，スーパーバイザーは，その問題が存在しなかった，あるいはそれほど顕著でなかった状況を思い起こすように求めます。その際，以下のような質問をするとよいでしょう。

・それからどうなったのですか？
・この状況と比べて，何が違っていたのですか？
・あなたの行動のうち，どのようなことが違っていますか？
・他の人の行動は，どのように違ったのですか？
・あなたが別の行動をとったり，別の方法で状況を見たりするのに何が役立ちましたか？

　スーパーバイザーは，誰もが見られるように答えを書き込むことができます。ポジティブな例外を探した後，スーパーバイザーは，これらの例外を現在の業務に反映させる方法について，スーパーバイジーに尋ねることができます。適切な追加質問の例は，以下の通りです。

・これを今の自分に当てはめるとどうなるでしょうか？
・誰が，もしくは何が，それを助けてくれますか？
・まず最初に何ができますか？

　最初のうちは，スーパーバイジーに自分の状況をしっかり説明してもらい，耳を傾けることが大切です。問題のある状況が深刻な場合，スーパーバイジーは問題がなかったときのことを思い出すのは難しいかもしれません。参加者は，同じような状況で，ポジティブで，うまくいった経験を持っていることが多いです。多くの場合，状況はある程度似ているため，過去の状況から解決策や励みになる経験を見出すことができます。

非常に重要であると同時に非常に難しいことです。人は通常，問題のある状況を早く解決したいと思うものです。また，職場環境もスタッフに，リフレクションをすることよりも早く問題解決することを求めています。この状況で，スーパーバイザーは通常，リフレクティングのプロセスを開始し，手引きする立場にあります。この時点で大切なことは，仮説を立て，名前がつけられるような一般的な現象についての質問につなげるということです。つまり，状況を徹底的に分析することで考え方の転換が可能になるのです。

例：適切な問いを探す

　セッションの中で，ある人材派遣会社のキャリアコーチのグループは，クライアントが，自分が手配したインターンシップや研修に失敗したり，脱落したりしたことをスーパーバイザーに話しました。その状況に，コーチたちは悔しさと戸惑いを覚えました。セッションの当初は，クライアントのモチベーションを上げ，研修やインターンシップに留まるようにする方法を考えようとしていました。しかし，それでも状況は改善されませんでした。

　スーパーバイザーは，スーパーバイジーが混乱した状況を適切な質問に変換していないために，それを理解できていないのではないかと思い始めました。彼らは不安な気持ちから一気に行動に移したのです。スーパーバイザーは，クライアントの脱落について，もっと正確に考えてもらうことにしました。スーパーバイジーに，手配した研修プログラムやインターンシップを完了できなかったクライアントについて説明してもらいました。全員が自分の経験した1ケースを簡単に説明し，ペアを組んで，ケースの類似点について話し合うように依頼しました。

　その議論を総括していくと，一つの大きな共通項が浮かび上がってきました。それは，クライアントが自分自身の目標だと感じていなかったことです。このことは，コーチの問いを大きく変えました。彼らは，客観的な動機づけや観察から，クライアントと一緒に真の目標を作成するための方法を開発することにシフトしました。また，真の個人の目標とは何か，それはどのように形成されるのかを知ることができました。

　スーパービジョンのセッションでは，ほとんどの場合，長く深い分析ができません。そこで，スーパーバイザーは，**スーパーバイジーが意義ある分析ができる**

ように，その方向性を導く手助けをします。スーパーバイジーのこれまでの経験
や知識に基づいたものであってこそ，真にスーパーバイジーの学習を支援するこ
とができるのです。スーパーバイザーは，スーパーバイジーに順に課題と思われ
る要素を説明してもらいます。その答えによって，スーパーバイザーは，彼らが
別のレベルでその課題にアプローチするのを助けるべきかどうかを判断すること
ができます。

　分析が複雑化し，広がりすぎる恐れがある場合，スーパーバイザーはスーパーバ
イジーが分析を止める手助けをすることができます。スーパーバイザーは，現象
を特定の観点からのみ分析することに集中するよう提案することができます。同
時に，スーパーバイジーは現象のどの側面を十分に理解していないのかを判断す
ることができます。もし，スーパーバイザーが，スーパーバイジーの知識が不足
しており，それを補完できるのであれば，自分の専門知識を共有する良い機会に
なります。しかし，スーパーバイザーは自分の「教えるタイミング」をスーパー
バイジーの過去の経験と結びつけることが肝心です。また，どのような場面で新
しい情報を必要とするかを考えることも重要です。

例：分析中にスーパーバイザーが教える

　ある特別支援学校の教師たちは，摂食障害の生徒がいることに悩んでいる
と話していました。そして，その生徒に対してどのように対応したらよいの
か，まったくわからないと率直に話しました。教師たちは，スーパーバイザ
ーが摂食障害に関する仕事の経験があることを知っていたので，アドバイス
を求めました。しかし，スーパーバイザーは，教師たちが摂食障害について
どのように理解しているのかがよくわからず，そのため，どのような情報が
有益なのかをすぐに評価することはできませんでした。その結果，教師たち
は専門家としての純粋な疑問を抱いており，分析に向かうことが賢明である
と判断しました。同時に，その分析が単なる講義ではなく，教師たち自身の
経験や既存の知識と真に結びつくよう，どうすればよいかについて考えまし
た。

　スーパーバイザーは，教師たちに摂食障害に関する自分自身の考えや知識
をボードに書いてもらうことにしました。その結果，教師は，摂食障害の症
状やその危険な影響について，かなり多くのことを知っていることがわかり
ました。しかし，摂食障害がどのように発症し，どのように治癒するのかと

56　　第Ⅰ部　スーパービジョンの基本

いうことについては，あまりよく分かっていませんでした。スーパーバイザーは，教師たちのメモに，自分なりの補足を付け足しました。これによって教師たちの知識を補完する1つの視点として，摂食障害に関する新たな共通理解を得ることができました。分析後の次のセッションでは，教師たちは，このような若者たちとどのように関わり，ケアを受けている生徒の回復をどのようにサポートするかを考えることができました。

　分析の結果，スーパーバイジーは通常，将来の行動を予測し，言い換えれば仕事の変更を提案するようになります。スーパーバイザーは，スーパーバイジーたちに，**できるだけ多くの種類の提案**を出してもらうようにする必要があります。スーパーバイザーは，提案は準備段階のアイデアであり，どれもすぐに排除されるべきではないことを強調する必要があります。この段階では，**提案することと評価することを分けて考えること**が重要な場合があります。また，スーパーバイザーは，スーパーバイジーの注意が向けられている部分のフリンジに思い浮かぶアイデアやイメージについて尋ねることができます。それぞれの提案は，セッションの後半で展開するために書き留めることができます。

　提案された内容は，**これまでの分析につなげたり**，**実践した場合の結果を想像**したりして検討することができます。そのような提案は，

　　状況に関するどのような考えから生じたのでしょうか？

　　分析の中で，特にその提案を支持するものはどのようなことでしょうか？

　　その提案と相反する要素はあるでしょうか？

　　この提案通りのことを実践すると，仕事にどのような影響があるでしょうか？

　これらの提案を発展させた後，スーパーバイジーは提案を一つ選び，自分の仕事の中で実際に試してみます。この準備のために，スーパーバイザーは，この試みに**適した状況**を特定させるように促します。同時に，スーパーバイザーは，この試みの間，何に**注意を向ける**べきかをスーパーバイジーとともに考えることができます。また，どのような結果が出れば試行が成功したことになるか，彼らが判断するのを助けることもできます。

例：行動を予測する

　　所属スタッフ15名のある部署の管理者が，自分の部署のスタッフの能力開発促進日をどのように行うか相談したい，と言ってきました。そのマネー

ジャーは，その日を新しい方法で調整したいと言っていました。彼女は，これまでの能力開発のプロセスにスタッフの声が反映されておらず，それゆえ，スタッフたちは力を注いでこなかったと結論づけました。そこで，この日は，スタッフが小グループに分かれ，全員が能力開発のテーマや方法に影響を与えることができるようにしました。管理者は，グループワークの進め方について，スーパーバイザーと一緒に考えたいと思っていました。

　スーパーバイザーは，イベントの企画を手伝う前に，管理者にその日にどんな成果を期待しているのか，どうすればその成果を評価できるかを説明するように求めました。管理者はしばらく考え込んだ後，最後に，もしスタッフの能力開発促進日が成功すれば，スタッフのモチベーションが上がり献身的に働くようになるだろう，と言いました。将来的には，人材能力開発の進捗状況の報告を増やせば成果を可視化できると理解できました。このセッションでは，グループワークのさまざまな方法を考案し，その結果を想像しました。それぞれの方法について，スーパーバイザーはスタッフがどのように反応するかを想像するようスーパーバイジーに求めました。

　　それは熱意を生むでしょうか？
　　個人のコミットメントを高めることができるでしょうか？
　最後に，管理者がスタッフにどのような主体的な仕事を期待し，その進捗をどのようにフォローできるかを考えました。

　計画したものを試みても，必ずしもスーパーバイザーが想像したり期待したりしたとおりの結果をもたらさないことは，よくあります。このような場合，スーパーバイザーは結果を徹底的に評価することが時間の無駄になることを覚悟しなければなりません。スーパーバイザーは，試してみたことの成功や失敗をすぐに判断しないよう，スーパーバイジーに求めていきましょう。その代わりに，**試してみてから何が起こったのか，そこから何を学ぶことができたのか**を振り返るように指示してみましょう。

　試行する際には，当初の計画とは多少なりとも異なることが多いので，どのように試みを行ったかを明らかにすることが有効です。状況の要因，状況の変化，人々の相互作用などはすべて試行に影響を与えます。スーパーバイザーは，スーパーバイジーに，それがどのようなものであっても，**予想外の結果**に細心の注意を払うように促すべきです。予想外の結果は，現象に関する無意識の推測，習慣

（ルーチン），暗黙知が明らかになることが多いのです。そして多くの場合，試行により，スーパーバイジーの現象の理解の仕方や，問いの形成方法について，足りない部分が明らかになります。最も良いのは，この試みがより深い問いを提起し，次のリフレクション・プロセスを活性化させることです。

　また，試みが大成功し新しい方法がうまくいき，スーパーバイジーが喜んでいる場合もあります。スーパービジョンは継続しても，スーパーバイジーは成功した結果の評価をおろそかにしがちです。したがって，スーパーバイザーは，成功した場合の結果についても，グループにリフレクションしてもらう必要があります。

　　なぜ，その試みがうまくいったと思いますか？
　　他に予想外の（ポジティブな）結果をもたらしましたか？
　　これらは何を示しているのでしょうか？
　　途中でどんな疑問がわきましたか？

例：成功体験の評価

　ある企業で社内開発業務を担っているチームが，社内の複数の異なる部署間の会議がなぜうまくいかないのかを議論したいと考えました。彼らはスーパーバイザーにその状況を次のように説明しました。「人々は，（会議に）自由に出たり入ったりしています。意思決定ができないのです。ある参加者は絶え間なく長い時間話し続けます。ある参加者はいつも静かで一言も発しません」。このような会議の状況を何とか変えなければなりませんでした。

　スーパーバイザーは，どのような方法で会議を開催しているのか，スーパーバイジーに尋ねました。すると，議長制や議事録，覚書といった堅苦しい方法はなるべく避けているとのことでした。短いリフレクションの後，参加者たちは自分たちの会議はもっと明確な構造を持った方が良いという結論に至りました。この段階で，彼らはいくつかのアイデアを思いつきました。

　議題案を送る代わりに，参加者全員で「トピックリスト」を作成し，会議を始めるのです。このリストによって，その会議で議論するテーマが決まります。そして，そのリストをフリップに書き出し，開発チームの各メンバーが順番に「リーダー」となって発言していきます。

　会議で決定されたことは，すべてフリップに書き込まれます。会議終了後，リーダーがそれを書き起こして「まとめ」を参加者全員に送ります。この新

しい会議の方法を，その週に試行してみることになりました。

　次のセッションでは，スーパーバイジーがいろいろなことを話してくれましたが，自分たちの試みについては一言も触れませんでした。スーパーバイザーがそのことを尋ねると，彼らはこう答えました。「ああそれですか。もう何の問題もないですよ。計画通りに変更したし，みんなとても喜んでいます」。それにもかかわらず，スーパーバイザーはスーパーバイジーに，なぜこの試みが成功したのかを考えるよう求めました。この問題についてグループで話し合った結果，スーパーバイジーたちは，会議の新しい構造が参加者の平等性を守り，前進させるものであることに気づきました。そして，誰もが大きな気づきを得たと感じていました。その結果，他の会議や交渉の場でも交流を発展させていこうと考えるようになりました。

　リフレクションの方向づけは，簡単で単純だと言うことはとうていできません。スーパーバイジーがリフレクティブ・サイクルのどの段階にいるのかをスーパーバイザーが特定することが難しい場合もあり，それがスーパービジョンを最善の方法ですすめることを難しくしています。特にグループ・スーパービジョンでは，参加者がそれぞれサイクルの異なる段階にあり，それゆえ異なるニーズを持っていることがよくあります。スーパービジョンの現実的な限界により，各セッションで完了できるリフレクションはほんの一部です。通常，スーパーバイザーは，セッション外の時間や日々の仕事の間にもリフレクションを続けるよう，スーパーバイジーを励まし，手助けしなければなりません。一般的に，職場で，汎用性のある方法で仕事のリフレクションを行うことは，自然にできるわけでも，そのような文化が確立されているわけでもないため，スーパーバイザーは，どのような状況でリフレクションが継続できそうか考えられるようにスーパーバイジーを支援する必要があるのです。

第4章

対話的関わり

　私たちは，質の高いリフレクションとそれを支える学習は，対話的関わりの中で最もうまくすすむと考えています。対話的関わりとは，参加者全員が自分の経験や視点をもって参加し，互いに学び合うことができる話し合いを意味します。対話のねらいは，そのトピック，他者，あるいは自分自身について理解を深めることです。このような交流は，信頼関係を築き，創造性を高める雰囲気を生み出します。職場において，対話をスタッフの基本的なスキルとして浸透させることができると，誰もが学ぶことのできる職場文化を築くことができます。

スーパービジョン・セッションにおける対話

　スーパーバイザーは，リフレクションに基づく学習と対話的関わりの両方の導き手として行動しなければなりません。そうすることで，スーパーバイジーが，自分の凝り固まった行動パターンを繰り返し，時代遅れの信念に固執するのではなく，互いの経験を生かし，新しい視点を追求できるようになるのです。対話的関わりを構築するには，難しい点がたくさんあります。なぜなら，私たちの日常的な相互の関わりは，対話的なものと異なり，比較的表面的な会話であったり，一面的な議論であったり，性急に妥協点を見つけようとするものだからです。

　対話は，相手の話にじっくりと耳を傾け，自分の視点の限界を意識し，相手の視点に立って考えることを基本としています。学びと創造性を追求しています。そして，対話的関わりの導き手は，人々が普段の会話の習慣から離れ，別の形のコミュニケーションに適応できるようにする必要があります。このために，スーパーバイザーは対話がどのように構築され，促進されるかをしっかりと理解する

必要があります。そして何よりもまず，学習とリフレクションを支援するために，対話的関わりを促すスキルが必要です。

　スーパーバイザーは，セッションにおいて，どのような相互作用を目指しているのか，そして，対話的関わりの利点が何であるかについて，スーパーバイジーに伝えるべきです。まず，対話の中核的な特徴をいくつか紹介し，対話的な話し合いによってスーパービジョンで何が達成されるのか，いくつかの例を紹介することから始めることができます。しかし，対話的関わりを促進するために最も重要なことは，スーパーバイザー自身がモデルを示すこと，つまり，スーパーバイザーの話し合いを促す方法や，セッションへの参加の仕方がとても重要になります。これは，スーパーバイザーの話す内容や話し方，そして，非言語的なジェスチャーや表情にも表れます。

　セッションの始めに，スーパーバイザーは参加者がスーパービジョンという状況に落ち着いて参加できるように，リフレクションのための好意的で，安全でオープンな雰囲気を作らなければなりません。スーパーバイザーは，セッションの前に対話的関わりの準備を始めます。なぜなら，状況やスーパーバイジーに対するスーパーバイザーの態度は，セッションの始まり方に影響を与えるからです。スーパーバイザーが準備を整えるためには，自分自身の心が十分に落ち着いていることを確認することが一番です。そうすることで，スーパーバイザーは，スーパーバイジーの話を純粋に聴くことができ，スーパーバイジーたちが自分自身や他者の話に耳を傾けるのを助けることができるのです。

　対話的関わりの促進は，セッションの開始直後，参加者が自分の仕事の状況や疑問について説明し始めるところから始まります。この時点では，対話について安全感を構築することが最も重要です。コミュニティやグループでのスーパービジョンでは，参加者の間にある緊張や対立を認め，スーパーバイザーがそれらを尊重しながら一緒に検討する意志があるかどうかを話し合うことが必要な場合もあります。スーパーバイザーの仕事は，**あらゆる種類の経験を引き出せるようにすること**です。通常の日常的な交流とスーパービジョンが決定的に異なるのは，スーパービジョンでは，参加者が意識的に解釈や定義，結論を提示することを避け，他者の思考や感情，意見を変えようとしない話し合いを推奨していることです。それを支えているのは，穏やかで集中力のある話し合いです。必要であれば，スーパーバイザーは参加者にゆっくりと，焦らずに話すように求めることができます。

　62　　第Ⅰ部　スーパービジョンの基本

目標は，参加者がいつもの思考を一旦おいておき，**今の経験**について具体的に話すことです。スーパーバイザーは，その瞬間に頭に浮かんでいることをそのまま表現するよう参加者に求めることで，これをサポートすることができます。スーパーバイザーは，「今，この状況で，この瞬間に起きていることについて，重要なことは何でしょうか？」と尋ねることで，スーパーバイジーたちの話を今に向かわせることができます。また，スーパーバイザーは，スーパーバイジーたちに，もっと説明してほしい，自分の言ったことを明確にしてほしい，自分の考えを自由に続けてほしい，と促すことができます。

対話的関わりを促進するために，参加者の**内的対話**に耳を傾け，それを明らかにするように努めます。一人の人の経験は，一人芝居ではなく，さまざまな声や視点を持つ内的な会話で形成されます。私たちの頭の中では，常に他者と対話し，さまざまな視点から物事を考えています。スーパーバイザーは，スーパーバイジーの話を聴く際，その中のさまざまな声や視点を聴き分けようとします。スーパーバイザーは，スーパーバイジーに心の中で誰とこのトピックを話し合っているのか尋ねることができます。また，このテーマがさまざまな視点からどのように見えるかを尋ねることもできます。あなた自身はこのテーマについてどう思いますか？ あなたの同僚はどう思うでしょうか？ あなたのクライアントはどうですか？

スーパーバイザーは，自分自身の内的対話にも注意を払う必要があります。今，自分の体験の中心にあるものは何か，そのフリンジにどのような知覚，思考，感情，記憶，イメージが現れているかを把握することが必要なのです。その流れから，スーパーバイジーの状況を把握し，スーパーバイジーへの質問を考えることができるのです。

例：個人スーパービジョンにおける内的対話

マットは個人事業主で，テクノロジー業界のコンサルタントとして働いていました。彼は，自分の仕事の状況と専門職としての成長について検討するために，個人スーパービジョンに参加することを希望していました。彼は以前から，自分のコンサルティングの焦点を，技術に関する質問からチームワークの育成に移したいと考えていました。スーパーバイザーはマットの話を聞いて，彼がコンサルティングの仕事の変更についてたくさんの考えを持っていることに気づきました。マットは，こうした新しいアイデアやその可能

性に時に興奮しました。そしてときには躊躇しながらも，今の仕事がもたらす経済的な安定についても話してくれました。

　スーパーバイザーは，マットの「声」の中に，この2つの異なる声を見出し，マットの状況について，明らかに相反する見方が示されたことを本人に伝えました。スーパーバイザーは，この内的対話に対するマットの考えを尋ねました。マットは長い間黙っていましたが，最後に安心を求める生き方は父親譲りであること，マットの父親は個人事業主で生涯借金に苦しんだことについて語りました。その話を聞いたスーパーバイザーは，マットに，「もう一方の変化を求める考え方の原点」はどこにあるのか考えてみるよう促しました。マットは，自分でもよくわからないが，もっと理解したいと言いました。この後，セッションの中でこの変化の必要性がどうして生じたのか，そして，マットの人生を長い間支配してきた安定の必要性とどのように「対話」したのかについて考えることに焦点をあてました。

　グループ・スーパービジョンでは，**話すことと聞くことを分ける**ための明確な枠組みが必要です。最も単純な形式は，セッションの最初に全員が順番に話し，他の人は聞くというものです。スーパーバイザーは，全員に順番が回ってくるようにし，参加者が互いの話を中断しないようにします。グループによっては，スーパーバイザーが順番を決めたり，制限したりする必要があるかもしれません。

　また，**他者の語りの文脈に関わる**ことで，対話的関わりが促進されます。つまり参加者は決められた順番に一人芝居をするのではなく，自分の体験と他者が語った内容を結びつけて考えるのです。スーパーバイザーは，グループメンバーに，他の人の話を聴くことで，どのようなことが呼び起されたかを尋ねることで，このような相互作用を導くことができます。また，スーパーバイザーは，参加者が提起したいくつかのテーマの間に関連性があることに気がついた場合は，それを提案することもできます。

例：他人の発言に関心を持つ

　4人の専門家グループは，連携のためのスキルを向上させるためにスーパービジョンに参加することを希望しました。スーパーバイジーは全員，同じ分野の専門家でありながら，全く異なる仕事をしていました。彼らは，別々の職場から同じオープンオフィスに移動したのですが，その新しい職場環境

64　　第Ⅰ部　スーパービジョンの基本

において多くの軋轢が生じていると感じていました。同じ場所で働くようになったことで，それぞれの仕事のやり方の違いが顕著になり，同時にこれまでは潜在化していた仕事に対する考え方の違いも浮き彫りになりました。

最初のセッションでは，参加者が順番に自分の仕事に対する認識について語り，他の参加者の発言には一切関与せず，丁寧に耳を傾けました。しかし，それぞれのスーパーバイジーは，仕事の進め方に関してチーム内で大きな意見の相違があることをしきりにほのめかしていました。スーパーバイザーがこのことについて直接尋ねたところ，参加者は具体的なことは言えないか，言いたがらないかのどちらかでした。

数回のセッションの状況を観察した後，スーパーバイザーはチームの対話的関わりを構築し始めました。セッションの冒頭で，彼女は参加者一人ひとりに，自分の状況を最も顕著に示す仕事上の経験について自由に話してもらうよう依頼しました。その際，ある参加者の話から別の参加者の話にすぐに移行するのではなく，スーパーバイザーは他の参加者に，今聞いた話の中で自分にとって何が重要だったかを説明するように求めました。そして，前の参加者と同じような経験をしているのか，それとも違う経験をしているのか，積極的に発言するように促しました。このように，他の参加者の体験に耳を傾け，関連づけるには多くの時間を要しました。しかし，徐々に参加者のさまざまな考え方が伝わってきて，セッションの中でオープンに話し合うことができるようになりました。

対話的な相互作用の学習は，スーパーバイザーとスーパーバイジーとの対話，スーパーバイジー同士の対話，スーパーバイジーの内的対話，そしてスーパーバイザー自身の内的対話など，さまざまなレベルがあるため，時間がかかることが予想されます。セッションの中で，これらの全てのレベルの対話を活用することで，リフレクションが豊かになります。とてもうまくいくと，まったく新しいアイデアが生まれることもあります。

スーパービジョンが進むにつれて，スーパーバイザーに，参加者に対して，相互作用の観点からスーパービジョンを評価するように求めることができます。セッションの中で，

今，重要だと思うことは何でしょうか？

他の人が取りあげたテーマに自分はどのような形で関わってきましたか？

私自身の話し方や聞き方は，対話的関わりを促しましたか？

　あるいは，妨げましたか？

　スーパービジョンにおける対話に常に注意を払うことは，スーパーバイジーが対話のスキルを学ぶことを促し，それによって生じた成長を明らかにすることができるのです。

　必ずしも，全てのスーパーバイジーとの対話が深いものである必要はありません。どんなに熟練した参加者であっても，真の対話が常に生まれるとは限りません。それでもセッションを対話的関わりに**向けること**は，通常，安全性，客観性，集中力を高めるために，重要な意味があります。

　スーパーバイジーが話を聞いてもらったという経験が多ければ多いほど，スーパービジョンで難しい話題や十分にまとまっていないトピックをとりあげても大丈夫だという信頼感が増します。対話の力をかりれば，困難なことも乗り越えられると信じられるようになればなるほど，さまざまな種類の問題に対して対話的関わりの可能性を試したくなるのです。

学習とリフレクションを支える対話の原則

　スーパービジョンで実践されるリフレクションは，参加者の異なる経験を活用することで，より広く，より深く行われます。対話的関わりが目標達成を促進します。対話的関わりは，スーパービジョンの中で生まれる多くの声の可能性を活用し，その可能性を発展させる試みなのです。スーパーバイジーがリフレクティブ・サイクルのどの段階にいるのかによって，スーパービジョンにおける中心的なワークが決まります。そして，スーパーバイザーは，異なる経験や認識を取り扱うことで，新しいアイデアを生み出すことができるように相互作用を促します。

　これは，スーパーバイザーが対話的関わりを強化し，リフレクティブ・ラーニングを支援するために意図的に導いていくことを意味します。このため，スーパーバイザーは対話的なリフレクションを促進するための原則を心に留めておくことが重要です。最も重要なのは，**異なる視点を追求すること**，**日常的な言葉を使用すること**，**緊張感を見極めること**，そして，**気づかれずにいる問題を探しだすこと**です。

　リフレクションに基づく学習は，ひとつのトピックに対して，自由にさまざまな視点からアプローチする必要があります。こうすることで，リフレクションと

スーパーバイザーのツールボックス3：
ペアでの話し合いとリスニング

　相手の話を真剣に聞くことは，内的対話を活性化し，豊かなものにします。この手法は，グループ・スーパービジョンにおいて，対話的な関わりを開始させ，その活性化を促進します。

　参加者は2人1組になり，それぞれ向かい合わせに座ります。スーパーバイザーは，まず1組のペアに，選んだテーマについて一緒に話し合ったり，質問を投げかけたりしてもらい，他のペアはそのやりとりを聞きます。その後，スーパーバイザーは次のペアに，前のペアの話を聞いて心に浮かんできたことを，前のペアと同じやり方で話し合うよう求めます。これを，全てのペアに行ってもらいます。人数の多いグループの場合は，ペアの代わりに小グループに分けてもよいでしょう。
　話し合いの中でとりあげられたトピックについて，全員が見ることができるように，スーパーバイザーが書きとめることもできます。最後に，そのテーマについてどのような理解が得られたか，全員で共有するための時間をつくります。その際，スーパーバイザーは，聞き手のペアたちに，他に考えられそうな行動について話し合ってもらったり，そのトピックがどのようなより広い現象につながっているかについて話し合ってもらうよう求めることもできます。

第4章　対話的関わり　　67

いう行為の現象の全体像を把握でき，しっかり考察することができます。異なる視点を取り入れることは，問題提起，トピックの分析，行動の予測，実験（試行）の計画，その評価など，リフレクションのすべての局面で有益です。異なる視点から物事を考えることで，スーパーバイザーは一種のパズルを組み立てることになります。意見の違いではなく，どのような視点が生まれるかが重要です。

　異なる視点を取り上げる場合，最も重要なのは，その多様性よりも，その視点が純粋に参加者自身の経験に基づいていることです。よって，スーパーバイザーの役割は，作為的に相反する考えを構築するのではなく，スーパーバイジーが自分自身の経験の異なる側面に注目するのを助けることです。スーパーバイザーは，スーパーバイジーに自分の経験のさまざまな側面（知覚，思考，感情，思い出など）について話すよう促すことで，これを実現することができます。スーパーバイジー自身の経験が，新たな学習を構築するための土台となるため，経験のさまざまな側面を掘り下げることは，リフレクションに基づく学習をサポートします。

　グループ・スーパービジョンでは，他者の経験によって個人の体験を広げることができます。お互いの経験に耳を傾けることで，スーパーバイジーは自分自身の世界のユニークな見方について深く理解することができます。また，複数の視点を取り上げることで議論の抽象度が上がり，より一般的なレベルで問題を捉えることができるようになります。また，今後の行動がもたらすさまざまな結果を想像しやすくするため，行動を予測し，最適な選択肢を選ぶことにも役立ちます。

　日常的な言葉を使うことは，対話的関わりの支えになります。参加者全員が特殊な語彙や専門用語を使わないようにすれば，みんながトピックを説明するための言葉や表現を理解することができます。同じ分野の人であっても，自分の経験を伝えるのに違う言葉を用いることがあります。このように，ある共通の概念が一見同じように理解されているように見えても，人によってさまざまな意味を持つことがよくあります。専門用語の多い分野では，このようなことが起こりやすいです。また，あまりに頻繁に使われるのでかえって空虚に感じられ，本来の意味を失っている概念や表現もあることに驚きます。

　スーパーバイジーの話を聴き，捉え方の違っている概念の意味について共通理解ができるようにすることが，スーパーバイザーの仕事です。また，スーパーバイザーが考えていることを伝え，正しく理解できたかどうかを教えてもらうこともできます。

　対話的関わりの中で，スーパーバイジーの間にある緊張が明らかになり，目の

68　　第Ⅰ部　スーパービジョンの基本

前のトピックに関する矛盾した考えが浮き彫りになることもあります。グループ・スーパービジョンでは，さまざまな人の経験から相反する考え方が生まれると，議論になったり，すぐに妥協しようとしたりすることがあります。このような状況に対して，スーパーバイザーが仲介して緊張を和らげようとすると，かえって真の対話が阻害されることがあります。

　仲介するのではなく，**対立や緊張について一緒に探求する**ことが必要なのです。そうすることで，いずれか1つだけを正しいとするのではなく，検証することができるのです。自分の意見を正しいものとして示す必要はなく，追加や訂正をしてもらうことができるのです。異なる視点は，必ずしも他を排除するものではなく，現象，仕事の状況，あるいはプロセスにおける異なる側面であると考えることができます。したがって，自分の見方を押しつけるのではなく，多様な経験を追求することで全体像を把握することができるのです。多くの場合，全体像を見ることで新しいアイデアが生まれ，スーパーバイジーは最初にもっていた先入観を練り直すのに役立ちます。

　スーパーバイザーは調停役としてではなく，矛盾を明確にし，考えを吟味する手助けをします。スーパーバイジーが不快な状況に耐え，人と人の対立ではなく，見解の対立として理解できるようにサポートする必要があります。異なる視点を書きとめ，出来上がった全体像を参加者に検討してもらうことは，有益であることが多いです。異なる視点は，話し合われたトピックについて何を明らかにするのでしょうか？　異なる視点が排他的でないと思えると，仕事の状況はどうなりますか？　このような検討からどのような新しい視点が見えてくるでしょうか？

　緊張が生じた際には，スーパーバイザー自身がモデルとなることが重要です。純粋な好奇心をもって質問し，状況について自分が理解したことを伝えながら進めていく必要があります。しかし，スーパーバイザーは，自分の解釈やアイデアはスーパーバイジーと一緒に考えるための提案であることを強調することが重要です。葛藤のある状況においてスーパーバイザーの最も重要な役割は，冷静さを保つこと，そうすることでスーパーバイジーたちが冷静さと集中力を保ち，互いに心を開くことができるようにすることです。そのための1つの方法は，スーパーバイザーの内的対話にしばらく耳を傾けてもらうことです。スーパーバイザーは，グループの話を聞いているときに自分の経験からどのような考えやイメージが湧いてくるかを伝え，思いつくさまざまな視点からいろいろな質問を立てることができます。スーパーバイザーは，例として，矛盾した意見も受け入れ，興味深く

生産的で，さらにまだ理解されていない本質的な何かがあることを示すことが多いというメッセージを送るのです。スーパーバイジーは，このプロセスが十分に安全で有意義で，自分の仕事に役立つと感じれば，困難があっても対話を続けたいと思うようになるのです。

例：緊張感のある中での意見は全体を明らかにする

　薬物のリハビリテーションに携わっている部署で，あるクライアントの状況に関して異なる視点について意見交換をしたいという要望がありました。参加者たちは，クライアントの支援の方法について，時に意見が大きく異なると感じていました。スーパーバイザーは，この困難な状況に向き合おうとしているスーパーバイジーたちを支援したいと思い，彼らと一緒に考えることにしました。まず，スーパーバイザーは，参加者に異なる意見が出た状況の例を注意深く説明するよう促しました。そして，そのクライアントを支援することについてどのように考えているのか，できるだけ明確に説明してもらいました。スーパーバイザーは，このワークの目的は誰が正しくて誰が間違っているかを決めることではなく，ましてやその状況で何がなされるべきかを決めることでもないと強調しました。目指したのは，クライアントの支援に関連する現象やそうした現象に関する異なる考え方について，スーパーバイジーたちの理解を深めることでした。

　スーパーバイジーの意見は，ほぼ 2 つに分かれていました。つまり，クライアントのリハビリテーションが大きく前進したと考えるグループとあまり進展がないと考えるグループです。このような状況で，スーパーバイジーたちは苛立ち，時にお互いの話に耳を傾けるのすら難しいこともありました。スーパーバイザーは，それぞれの意見に関連する発言や問題点をボードに書き出しました。スーパーバイザーは，その違いを評価したり比較するのではなく，スーパーバイジーたちが自分の仕事について，特にこのクライアントを支援することについて明らかだと感じていることを尋ねました。スーパーバイジーたちはしばらく考えていましたが，ついに一人が，考え方の違いはそれぞれがこのクライアントとどれだけ深く関わったか，あるいは関わっていなかったかを示しているように感じた，と発言しました。そのクライアントと深く関わった人たちは多くの進歩を感じ，そのクライアントとの経験が浅い人たちはそうは感じなかったのです。その結果，クライアントの進歩が

これまで受けてきたサポートの量とどのように結びついているのか，また，そのサポートのどのような側面が，最も深い関わりを持ったスタッフたちがいない状況でも実践されていたかについて考えることにつながったのです。

　通常，スーパーバイジーたちは，自分にとって最も馴染みのある視点からトピックに取り組むため，はじめのうちは最も明白でよく繰り返される事柄をとりあげます。新しいことは古いものの見方からしかアプローチできないので，スーパーバイザーはこうした考えに耳を傾け，ワークの一部として活用することが大切です。しかし，馴染みのある考え方に基づくだけでは，通常，著しく新しい理解は得られません。そこでスーパーバイザーは，スーパーバイジーたちが**まだ気づいていない事柄を意識的に探す**手助けをしなければならないのです。新たな声を対話に加え，注意のフリンジ（外周）にある事柄を検討することによって前述した緊張を解いていくことができ，それによってまだスーパーバイジーたちが気づいていない事柄を明らかにすることができます。

　スーパーバイジーに，話題となっているトピックに深く関わっている人の名前を挙げてもらうことで，新しい「声」や視点を対話に取り入れることができます。新しい「声」の持ち主がだれかわかったら，その人たちの立場に立って，その人の経験を想像してみることができます。クライアント，同僚，管理者，連携するスタッフの立場に立ってそのトピックについて想像してみると，たいていの場合，貴重な洞察が得られます。この作業では，より深い社会的で倫理的な見方を対話に含むこともできます。

　グループ・スーパービジョンでは，内気な参加者や物静かな参加者が斬新な意見を持っていることがあるかもしれません。スーパーバイザーは，直接そのような参加者に考えていることを尋ねることもできますが，恥ずかしがり屋の参加者も対話に加わってもらえるように他の参加者を促す方がより実りあるものとなります。また，人数が多すぎて発言をためらっているような場合は，ペアや小グループでの話し合いを取り入れることで「物静かな」参加者を対話に引き入れることができます。また，スーパーバイザーは参加者がトピックについて最終的に何を考え，感じているかを知る必要はありません。誰もが自分の提示した考えを全面的に支持する必要はないことを思い出してもらうことによって，新しい視点が生じることを促すこともできます。

　参加者の注意が向いている領域のフリンジにおいて，新しい見方が生まれるこ

スーパーバイザーのツールボックス4：

仕事の説明としての比喩

　スーパーバイジーは，自分の仕事について「仕事をしていると，今は，自分があたかも一片の流木であるかのような気持ちになってしまいます」などと，比喩やレトリックを使って表現することがよくあります。比喩は，さまざまな思考，感情，記憶，イメージなどを呼び起こします。複雑で幅広い情報を凝縮したような，多次元的なものです。比喩を用いることで共通の経験の新しい基盤が生まれ，単に事実に基づいた話よりも，広く深い意味に到達します。比喩は，しばしば仕事の隠れた側面を明らかにします。スーパーバイジーが自分の仕事について比喩を用いて説明するとき，スーパーバイザーはその比喩の内容を明らかにすることを助けることができます。良い質問の例をいくつか紹介します。

- ・この比喩は，あなたの仕事について何を語っているのでしょうか？
- ・もしこの比喩に出てきた「（流木などの）物」を擬人化したら，なんと言うでしょうか？[訳注8]

　グループ・スーパービジョンやコミュニティ・スーパービジョンにおいては，他の人の話を聞いてどう思うか尋ねてみるのも良いでしょう。自分ならどんな例えを使って自分の仕事について表現しますか？　他の人が語った例えのどこに共感しますか？　比喩についてじっくり考えた後，スーパーバイザーは，必要に応じて話題の方向性を転換するように導くことができます。良い質問の例をいくつか紹介します。

- ・どのような比喩が，仕事がうまくいっている状況を表しますか？
- ・もし元々の比喩を変えるとしたら，何を変えますか？
- ・新しい比喩のような仕事をすることについて，どのように感じますか？

　参加者それぞれが別々に比喩を考えてみる，という手法もあります。個々のスーパーバイジーそれぞれが仕事の説明としての比喩を探し，作り，使ってみます。グループ・スーパービジョンやコミュニティ・スーパービジョンでは，それぞれの参加者の例えを集めて全員が見ることができるようにすることもできます。そしてグループで，それらの例えが仕事または職場コミュニティについてどのようなイメージを与えるか考えることができます。

訳注8）上記の比喩で考えると，「"仕事をしていると，あたかも自分が一片の流木であるかのような気持ちになってしまう"のであれば，その比喩に登場する"流木"が語ることができるとすれば，その流木はあなたの仕事についてどんなふうに語るでしょうか」という質問が想定されます。

とがあります。第2章で説明したように，スーパーバイザーが自分自身の思考のフリンジにあるものに注意を払うことは，スーパーバイジーが自分の思考のフリンジにあるものに気づくのを助けるのと同じくらい意味があることです。対話的関わりにおいては，同じひとつの表現，比喩，矛盾が，多くの異なる文脈や複数の人々の発言の中に現れることがあるかもしれません。

　スーパーバイザーは，このような漠然としたヒントをしっかりとつかみ，その意味を考えるように促すことが大切です。心のフリンジに注意を向けることは，最初は不思議な感じがして困惑するかもしれません。このような場合，スーパーバイザーは何よりもまず実験的に探検してみることが大事で，全てについてその意味がすぐに理解できない場合は，また後で戻ることができることを強調する必要があります。うまくいけば，このような探求は長い間隠されていた見方や考え方を明らかにすることにつながります。このような予期しないものを発見する経験は，しばしば，とても刺激的でスーパーバイジーの対話型の協働に対する信頼につながります。

　スーパーバイジーが対話の経験を積みスキルを向上させると，通常，日々の職場文化の中でどのように対話を取り入れることができるかを考え始めます。スーパーバイザーは，対話が実りある形で実践されるような状況をつくる手助けをすることができます。また，明らかな見落としを避け，対話が必ずしも最善の手法ではない状況を見極めるための支援もできます。スーパーバイジーが，日々の仕事の中で，最も効果的に対話を用いる方法を見つけ，対話的関わりに必要なスキルを身につけられたら，誰もが学ぶ職場文化を創造する道筋ができるのです。

第II部
実践と方法

　第I部で紹介された基本事項は，スーパービジョンの具体的な基盤やマナー，方法の概要を説明しています。第II部では，スーパービジョンを実施する際の条件とそれに影響を与える要因について述べ，スーパービジョンの実践における主な方向性を示します。また，アクション・メソッドの活用についても解説しています。

第 5 章
スーパービジョンを実施する際の条件

　この章では，スーパービジョンを成功させる条件の主な要点について概説します。また，スーパービジョンを実施するための方法として，第Ⅰ部で説明した基本的な内容をサポートするために最も効果的だと思われる方法を提示します。このように，スーパービジョンを実施するための条件は，その目的や背景から切り離された技術的な問題ではなく，学習プロセスを成功させるために不可欠な要素なのです。まず，スーパーバイザーの専門的な資格について述べた後，スーパービジョンの開始，セッションの進行，全体のプロセス，スーパービジョンの倫理的な基盤について考えていきたいと思います。

スーパーバイザーの教育と専門知識

　スーパーバイザーの専門教育や実務経験，受けてきたトレーニング，採用しているフレームワークは，彼らの仕事のスタイルや仕事をどのように理解するかに大きく影響します。そのためスーパーバイジーは，スーパーバイザーがどのようなトレーニングを受けてきたか，どのような仕事をしてきたか，そして，これら全てがスーパービジョンのスタイルにどのように影響するかを知ることは有益なことなのです。そして，スーパーバイザーは自分の学歴や経歴を提示するべきであり，そうすることでスーパーバイジーはこの情報をもとにスーパーバイザーを選ぶことができるのです。

　では，スーパーバイザーの専門性とは何から構成されているのでしょうか。これまでの章では，スーパーバイザーはさまざまなスキルを理解し活用しなければならないことを紹介してきました。スーパーバイザーは，専門的な仕事の基本を

知ることはもちろん，スーパービジョンにより，スーパーバイジーの専門的な成長と共により広い職場文化や社会全般の発展をサポートする方法を理解していなければいけません。また，人々の学びを統制する要因を理解し，個人とグループ両方のリフレクションにおいて，そのプロセスの方向性を示すことができなければなりません。

　スーパーバイザーは，人と人との相互作用やグループやコミュニティの成長に関する基本原則も理解していなければなりません。また，人々の対話を助けるスキルを持ち，緊張感のある状況下でも対話を導くことができる手法に精通していなければなりません。さらにスーパービジョンの可能性と限界を理解し，専門家としての健全な倫理観を持っていなければなりません。またスーパーバイザーは，トレーニング，同僚との共同作業，そして自分自身のスーパービジョン[訳注9]を通じて自らの専門性を継続的に高めていくことが重要です。有能なスーパーバイザーは，常に自分の仕事を振り返り盲点を認識し，うまくいったことを分析し自分の仕事から学ぶことができるのです。

スーパービジョン関係の開始

　スーパービジョンは通常,個人やグループ,職場のコミュニティが自分たちの仕事に外部からの助言が必要だと感じることから始まります。職場によっては（通常,過酷でストレスのかかる専門職的な仕事に関わる職場），仕事による疲労を軽減し仕事の質を保証するためにスーパービジョンをよく活用します。スーパービジョンの必要性は，仕事上の何らかの変化や職場コミュニティで生じる困難な状況から生じることもあります。また管理職が，自分のリーダーシップを養うためにスーパービジョンを必要とすることも一般的になってきています。どのようなニーズがあるにせよ，通常，最初のきっかけをつくるのはスーパーバイジーです。スーパーバイジーが適切なスーパーバイザーを紹介されていない場合はスーパーバイザーに関する情報を検索し，それを利用して適任者を探すことができます。

　対話的関わりは，協力関係の最初の段階から始めるべきです。スーパーバイジーとスーパーバイザーが決まったら，スーパービジョンを始める前に**交渉を開始**

　訳注9）自分自身のスーパービジョン：スーパーバイザー自身が，自分のスーパーバイザーにスーパービジョンをしてもらうこと。

78　　第Ⅱ部　実践と方法

する方が良いと思います。この段階では，スーパーバイザーがスーパーバイジーのニーズに応えられるか確認することが重要です。したがって，スーパーバイジーがスーパービジョンに何を求めているか，スーパーバイザーが何を提供できるかについて両者が直接話し合う必要があります。今後のスーパービジョンがうまくいくかどうか評価しやすくするために，双方の期待や希望を率直に伝える必要があります。

　すべてのスーパーバイザーが同じようなタスクを達成したいと思っているわけではありません。すべてのスーパーバイザーが職場のコミュニティにおける危機的状況や対立などのケースに関わりたいと思っているわけではありませんし，実際に関与できるわけでもありません。もしスーパーバイジーが，そのような状況でスーパービジョンを活用したいと考えている場合には，スーパーバイザーが自身の希望や能力を評価できるようにできるだけ早い時期に直接そのことを伝えるべきです。また，スーパービジョンがその状況に適した解決策であるかどうかを十分に吟味することも必要です。非常に危機的な状況であったり長く続いている重い葛藤は，通常スーパービジョンによって（少なくとも単独では）解決されないことを理解することが重要です。

　スーパービジョンは**事前調査**から始まることもあります。この事前調査が交渉の開始となることもあれば，スーパービジョンのニーズを特定し進め方を定めるために，さらに理解を深めるために行われることもあります。スーパービジョンに参加する全員がこの事前調査のセッションに招待され，そのセッションにおいてスーパーバイザーは各スーパーバイジーの個々の期待と共通の希望について知ることができます。ここでは，スーパービジョンの学習プロセスとしての性質が強調されるべきで，スーパーバイザーは組織がどのような種類の専門的能力の育成を求めているか，つまり，どのようなスーパービジョンが必要なのかを確認する必要があります。この段階で，スーパーバイジーはスーパーバイザーの仕事の進め方についても話し合うことができます。この後，スーパーバイジーとスーパーバイザーの双方が，協力の可能性とうまくいくための条件を検討します。多くの場合，スーパービジョンの構造や期間も事前調査で検討されます。

　交渉と事前調査を行った後，**スーパービジョンの契約書**を作ります。スーパービジョンの契約書にはさまざまなモデルがありますが，主な目的はスーパービジョンの進め方を定め，双方の利益を確保することです。また契約書には，セッションの期間，セッションの回数，費用，旅費，場所の確保，連絡担当者，支払い

第5章　スーパービジョンを実施する際の条件　　79

日，キャンセルの条件などが定められています。

　もし，スーパーバイジーが継続的にスーパービジョンを利用しているのであれば，通常，事前調査の必要はなく，最初の交渉後すぐにスーパービジョンを開始することができます。このような場合，**トライアル期間**について合意しておく必要があります。トライアル期間を設ける目的は，スーパービジョンを成功させるためです。なぜなら，スーパービジョンがうまく始まるとは限らないからです。また，スーパーバイザーとスーパーバイジーの協力関係の間にどのような障害が生じるかわからないことが多いからです。

　トライアル期間には双方の合意をとります。この期間はスーパーバイジーが必要としている適切なスーパービジョンを可能にすることと，スーパーバイザーにとっても自分の役割を最も効果的に果たすことを保証するためのものです。トライアル期間を設ける場合は，スーパービジョンの契約書に明記する必要があります。私たちの経験では，約3セッションのトライアルを設けるとうまく機能し，乗り越えられない障害を発見するのにも十分です。

　スーパービジョンは職場の目標をサポートするべきであり，そのためには購入者[訳注 10]，スーパーバイジー，スーパーバイザーの目的を組み合わせる必要があります。スーパービジョンを開始する際には，**購入者の協力**について合意を得ることが有益です。つまり，スーパーバイザーがスーパービジョンを購入した人とどのように連絡を取り合うかについての合意です。購入者がスーパーバイジーである場合，スーパービジョンのセッションの中で行われるので，別途購入者との協力は必要ありません。しかし，購入者がスーパーバイジーではなく，スーパーバイジーが働く組織であることもめずらしいことではありません。このような場合には，スーパービジョンをどのように評価するかについて，購入者の代表者と話し合うことが重要です。購入者と協力する目的は，スーパービジョンが組織の支持を得ていることを確認することと，購入者に対しスーパービジョンの進捗状況に関する報告とフィードバックを行うことです。

　多くの分野において購入者である組織と協力することは，スーパービジョンにおいてはまだ比較的新しいことです。そのため，さまざまな方法で実施してお

　訳注 10）スーパービジョンの購入者：北欧では外部にスーパーバイザーを依頼する仕組みがあります。例えば，病院組織が病院職員のスーパービジョンのために，有償の外部の専門的スーパーバイザーを依頼する場合，病院という組織が購入者となります。

スーパービジョンを購入する人のための手順

最初に，以下の問いを考えてみましょう

- スーパービジョンが必要とされる目的はなんでしょうか？
- スーパービジョンの形式は，個人スーパービジョン，コミュニティ・スーパービジョン，グループ・スーパービジョンのいずれが良いでしょうか？
- セッションの参加者は誰でしょうか？
- セッションは，どのくらいの頻度が良いですか？ また，セッション全体のふさわしい期間はどのくらいでしょうか？
- スーパーバイザーは，その分野の専門家であるほうがいいでしょうか，あるいは分野外の専門家である方がいいでしょうか？

スーパーバイザーに連絡する際には

- スーパーバイザーが受けたスーパービジョンのトレーニングやその他の教育，実践の経験について尋ねてみましょう
- スーパーバイザーの実践の方法や枠組みとなる理論について尋ねてみましょう
- 開始のための交渉または事前調査を設定しましょう。そこには，スーパービジョンに参加する全ての人が出席するようにしましょう
- 必要であれば，2～3回のトライアルセッションをお願いしましょう
- スーパーバイザーが協力を検討する際に知っておくべき，あなたの仕事の特徴について話し合いましょう
- スーパービジョンの必要性や希望について話し合いましょう。そうすることで，スーパーバイザーは，果たすべき役割についての自分の希望や能力について検討することができます

スーパービジョン開始の際にすること

- スーパーバイザーと契約書を交わしましょう
- スーパーバイザーとの協力関係について話し合っておきましょう。つまり，スーパーバイザーとスーパーバイジーがともに行う実践の方法や評価の方法について話し合っておきましょう

第5章　スーパービジョンを実施する際の条件　　*81*

り，未だに多くの課題が残っています。本書では，私たち自身の経験と実験から生まれた購入者との協力方法を説明し，他のスーパーバイザーがこのような協力をさらに発展させることを願っています。

セッション

スーパービジョンのセッションに必要な時間は，スーパーバイジーの人数とスーパービジョンのニーズによります。セッション時間の基本単位は，45 分または 1 時間です。私たちは，1 時間がより適切だと考えています。通常設定されている 45 分という時間は，心理療法で使われていた時間をスーパービジョンに導入したのだろうと思われます。しかし，ほとんどの個人スーパービジョンのセッションは，少なくとも 1 時間であり，さらに 1 時間半に及ぶこともめずらしくありません。

小グループ（6 人以下）の場合，セッション時間は 2 時間が望ましいです。そうすることで途中で立ちどまったり，共通の話題を見つけたり，焦らずに話し合うことができます。さらに人数の多い大グループでは，3 時間のセッションを行い，途中で短い休憩を挟むことが望ましいです。それによって，グループの各メンバーがセッション中に，自分の意見を述べる時間を十分確保することができます。

個人セッションとグループセッションの**進行**はほぼ同じです。セッションは，日々の仕事における目の前の課題を脇に置き，リフレクションすることから始まります。集中できるようなスペースを準備することは，参加者の心を落ち着かせ，導入を促すことができます。これはスーパーバイザー自身が落ち着いていることや十分なエネルギーをもって取り組むこと，またスーパーバイジーの現在の仕事内容に関する短い話し合いをすることでももたらされます。グループ・スーパービジョンやコミュニティ・スーパービジョンのセッションは，通常，最初に全ての参加者が順番に発言できるような何らかの機会をつくり，全員が一人ひとり順番に仕事上の関心事を話し，スーパービジョンで話し合ってほしいテーマについて希望を述べていきます。

スーパーバイジーの関心が，目の前にある日常の仕事から，スーパービジョンの状況そのものに移ったところで，トピックの検討が始まります。しかし，スーパーバイザーが積極的に方向づけないと，セッションは多くのトピックについての

82　　第Ⅱ部　実践と方法

漫然とした話し合いになってしまいます。これでは，どのトピックも十分に検討され，スーパーバイジーの混乱や不安をさらに増大させることになります。そのためスーパーバイザーは，セッション中に1つか2つの議論するトピックを選べるように，スーパーバイジーを支援する必要があります。

セッションのトピックを選んだ後，スーパーバイザーは通常，それを振り返るための方法を提案します。スーパービジョンとは，スーパーバイジーが内容をつくり，スーパーバイザーがその内容に取り組むための枠組みを作る状況と言えます。次の章では，スーパーバイジーがトピックを振り返るために，スーパーバイザーが手助けできる多くの方法を説明します。

セッションの最後には，クロージングのための時間を2，3分設ける必要があります。その目的は，スーパーバイジーがスーパービジョンから得たことを日常の仕事に活かせるように助けることです。これは，スーパーバイジーがセッションから何を得たと感じているかを尋ねることで促進することができます。

- このセッションを終えて，どのような考えや感情をお持ちですか？
- これからも考え続けようと思っていることは何ですか？
- この仕事は，あなたにとってどのような意味を持っていますか？
- 普段の仕事に生かしたいことは何ですか？

セッションを行う**物理的な空間**は，スーパービジョンの雰囲気やそこで行われる学習に大きく影響します。その場所は，邪魔されることがなく，誰かに立ち聞きされる恐れもなく，スーパーバイジーが心おきなく話ができる場所であることが重要です。多くの場合，セッションをスーパーバイジーの職場の外で行うことは効果的です。

スーパービジョンでは，テーブルを挟まず椅子を輪にして，スーパーバイジーがお互いに向き合うのがよいでしょう。このような環境に，参加者を対話的関わりと自由なリフレクションへ向かわせます。セッションの場には，必要に応じてテーマに関連したことを書いたり描いたりするためのボードがあるとよいでしょう。アクション・メソッドを用いる場合は，椅子を移動して適切なワークスペースを作れるだけの広さが必要です。

セッションの**頻度**は，スーパービジョンの性質に大きく影響します。通常，セッションは月に1回，もしくは3週間に1回行われます。この頻度であれば，ス

ーパービジョンは継続的で一貫性のある学習プロセスになります。頻度がこれ以上少ないと，セッションは，個々のミーティングになりやすく，うまく統合できず一貫した学習プロセスにもなりません。セッションとセッションの間に，スーパーバイジーに何らかの課題を出すことで，プロセスの一貫性を高めることができます。

　セッションの総回数とスーパービジョンの**全体の期間**は，達成度に影響します。通常，１年未満だと専門能力の育成は十分に達成されません。ただし，就職したばかりの人に対するスーパービジョンについては例外です。つまり，入社直後のスーパービジョンは，その人の専門家としての成長に大きな影響を与えるのです。

　スーパービジョンのプロセスには，明確な最長期間はありません。スーパービジョンが特定の期間のみの場合や，特定の状況のために求められている場合は，当然ながら終点が明確になります。継続的にスーパービジョンを利用しているスーパーバイジーは，プロセスの終結とスーパーバイザーの変更について，切り分けて考えなければなりません。スーパーバイザーを変更する主な理由は，プロセスが進むにつれてスーパーバイジーに慣れすぎてしまうことや，スーパーバイジーや購入者が新しい視点を得る必要性に迫られることです。これらの課題は，通常，スーパービジョン関係が３年以上継続している場合に発生します。

プロセス

　長期間のスーパービジョンであれ，短期間のスーパービジョンであれ，関係性は意味のある連続的なものである必要があります。そのためには，明確な契約によって関係を開始し，共通の目標にそって進み，しっかり終結することが必要です。以下に，２年から３年のプロセスがどのように進むかを一般論として説明します。このモデルは，もう少し短い関係にも部分的に適用できます。

　スーパービジョン関係の開始時には，**ルール**を共有し，合意しておく必要があります。ルールは，一般的にスーパーバイザーとスーパーバイジーの間の守秘義務と協力関係に関することについてです。スーパービジョンにおいては，基本的に守秘義務が常に求められますが，守秘義務とは何を意味するのか話し合う必要があります。多くの場合，スーパーバイザーとスーパーバイジーはスーパービジョンで話し合われた課題について守秘義務があることに同意しています。特にグループ・スーパービジョンやコミュニティ・スーパービジョンでは守秘義務がよ

84　　第Ⅱ部　実践と方法

り重視されます。また，グループや職場コミュニティのメンバーは，スーパービジョンでの話題や出来事を外部の人と話し合わないことが決められていることが多いようです。

スーパーバイザーは，自分自身の守秘義務の範囲について，スーパーバイジーと話し合う必要があります。スーパーバイザーは，自分自身がスーパービジョンに参加しているかどうか，また自分の仕事について話し合う特定の同僚がいるかどうかを伝えなければなりません。私たちは，同僚との共有は非常に有益であると考えています。有能な他のスーパーバイザーと自分の仕事を振り返ることは，自分自身の学習に役立つだけでなく，スーパーバイジーにも役立ちます。スーパーバイザーは，このことをスーパーバイジーと率直に話し合い，同僚との関係性は守秘義務があることを明確にしておく必要があります。

スーパービジョンの開始時には，スーパービジョンの**目標**も定めます。スーパーバイジーは自身の経験に基づいて，学習と専門的能力の育成が促進されるような目的を設定するべきです。さらに，この目的は購入者の合意も得る必要があります。スーパーバイジーは，内容，方法，スーパーバイザーの仕事のスタイルについての希望を提示することができ，これらは話し合うべき重要な内容です。スーパーバイザーは，自分の仕事を成功させるために，グループに必要な協力を依頼することもできます。さらに，協働作業の中で起こりうる問題に対処する方法についても話し合う必要があります。

スーパービジョンの始まりで最も重要なのは，**信頼関係の構築**です。十分な信頼関係があってはじめて，スーパーバイジーは自分の専門的な課題をプロセスに持ち込むことができるのです。したがって，スーパーバイザーはスーパーバイジーの信頼を得なければなりません。これはスーパーバイザーが忍耐強くて，敬意を払い，気配りができ，目標達成を援助できる専門家であることをスーパーバイジーが経験することによって促進されます。またグループ・スーパービジョンやコミュニティ・スーパービジョンでは，参加者がお互いに十分に信頼し合うことが必要です。個人スーパービジョン，グループ・スーパービジョン，コミュニティ・スーパービジョンにおける信頼関係構築の特徴については，後の章で説明します。

プロセスが進むにつれ，スーパーバイザーが各セッションについて**メモを取る**ことは有益です。メモはセッションが始まる前に，それぞれのスーパーバイジーの疑問に応えたり，プロセスがどのように進むかを示すのにも役立ちます。スー

第 5 章　スーパービジョンを実施する際の条件　　**85**

パーバイザーは，以下の点に特に注意を払う必要があります。

・どのようなテーマが繰り返し取り上げられていますか？
・最初に話し合われたことと，後になってようやく話し合われたことは何だったでしょうか。
・十分に検討できた内容と，やり残した内容は何でしょう？
・取り組んでいることは設定された目標に向かってすすんでいるでしょうか？

　ときには，いったん立ち止まって，スーパービジョンがうまく機能しているか，あるいは，どのような学習が行われているかについて，**評価すること**が重要です。評価は，スーパーバイジーが，スーパーバイザーの行動や態度をどのように**体験**しているかについて理解するのにも役立ちます。仕事のスタイルや使っている方法を自然にチェックするための場でもあります。また，評価に関連して，グループは新しいニーズが出てきていないか，現在のスーパービジョンのプロセスの中でそれに応えられるかどうかを検討することができます。長期間のスーパービジョンの場合，半年ごとに評価を行う必要があります。評価は，常にスーパービジョンの目標に関連して行われます。

・目標は有意義なものになりましたか？
・私たちは設定した目標にそって進めているでしょうか？
・スーパービジョンの実践や目標を変更する必要があるでしょうか？

　購入者の協力は，スーパービジョンのプロセス全体において重要な役割を果たします。最初に，スーパーバイザーは購入者とどの時期に会って，スーパービジョンについて話し合うかを検討します。ミーティングの前に，スーパーバイザーはスーパーバイジーと，どのようなことを購入者と話し合うべきかを話し合います。スーパーバイザーは，スーパーバイジーと購入者の間のメッセンジャーになってはいけません。スーパーバイザーの仕事は，購入者とスーパーバイザー双方のスーパービジョンの目標を両立させることです。購入者はセッションに招待されることもあれば，スーパーバイザーと個別に会うこともできます。
　これらのミーティングでは，購入者はスーパービジョンでどのようなことが話し合われているかを伝えられ，これらの課題が組織の設定した目標にそっている

ことを一緒に確認します。購入者は，スーパーバイザーがスーパーバイジーの仕
事に関する中心的な課題についてどのような認識を持っているかを知る必要があ
ります。そうすることによって，購入者はスーパービジョンがニーズに応えてい
るかどうかを評価することができます。

　スーパーバイザーから得られた見解をもとに，購入者はスーパーバイジーの日
常の仕事において成長を支援することができます。購入者と良好なコミュニケー
ションが築けると，組織は今後もスーパービジョンに協力してくれるでしょう。そ
のためには，スーパーバイジーや購入者のスーパービジョンに対する評価を話し
合うことが重要です。スーパーバイザーはその評価が妥当かどうか，また変更で
きる点があるかどうかを購入者と一緒に検討することができます。すべての関係
者と直接話をすることで，スーパーバイザーは自分の仕事をより良くすることが
できます。

　スーパービジョンの**終結**は，十分な時間を確保する必要があります。長期にわ
たる集中的なスーパービジョンでは，終結が特に意味のあるものとなります。最
も良いのは，スーパーバイザーとスーパーバイジーの関係が，相互の信頼，愛着
心，そして感謝の気持ちで結ばれている状態にあることです。スーパービジョン
の終結やスーパーバイザーの変更は，必ず事前に十分な時間をかけて決定する必
要があります。これはスーパーバイザーが主導する場合もあれば，スーパーバイ
ジーが主導する場合もあります。どちらの場合も，いったん立ち止まって終了の
理由を明確にする方が良いでしょう。終了の理由は，スーパービジョンがその役
目を終え続ける必要がない場合や，スーパーバイジーの仕事が変化してスーパー
ビジョンが役に立たなくなる場合があります。継続的にスーパービジョンを活用
しているスーパーバイジーの場合は，通常，スーパーバイザーに慣れすぎてしま
い，スーパーバイジーが新鮮な視点を必要としているケースが多いようです。

　最後のセッションをプロセスの評価のために確保するべきです。スーパーバイ
ザーは自分のメモに目を通し，スーパーバイジーのためにそれを要約することで，
この準備をすることができます。要約は，プロセス全体とさまざまな段階を思い
出すのに役立ちます。最後のセッションでスーパーバイジーは，最初に立てた目
標，プロセスを通してそれらがどのように明確になったか，そしてそれらがどの
ように実現されたかを振り返ることができます。スーパービジョンの終了に関し
て生じている感情についてとりあげ，話し合う時間を確保することも有効です。

　また，プロセスを終了する際には，どのような状況であれば，再度スーパービ

第5章　スーパービジョンを実施する際の条件　　*87*

ジョンを使う必要があるかを話し合うことが賢明です。仕事で継続的にスーパービジョンを活用しているスーパーバイジーが，新しいスーパーバイザーのもとでスーパービジョンを継続することは，新たにスーパービジョンを始めることを意味します。そこには，さまざまな困難があると同時にさまざまなチャンスもあることでしょう。

職業倫理

　スーパーバイザーという職業は，ガイダンス業務や対人業務などの一般的な規範だけでなく，いくつかの特定の倫理原則によって規制されています。フィンランドのスーパーバイザー協会は，これらの倫理原則を照合し，スーパーバイザーの購入者との関係，スーパーバイジーとの関係，自分自身との関係，評価という4つのグループに分類しています。購入者との関係では，組織の目標やリーダーシップを支えること，信頼と開放性，契約の遵守が重視されます。スーパーバイジーとの関係では，守秘義務，スーパーバイジーの自立と自らの解決に対する責任，十分な距離を保つことが中心課題となります。スーパーバイザー自身との関係では，自分の専門性と限界を認識すること，専門的なスキルを育成すること，個人的なリソースを確保すること，自分の仕事を批判的に評価することに注力することが大事です。加えて倫理指針では，スーパービジョンを評価することの重要性を強調していますが，それは常にスーパーバイジーとその組織の双方の基本的な業務に関連して行われなければなりません。

　スーパービジョンの実践では，セッション中にどのように話し合いが行われるのかを考えると，通常，スーパーバイザーの職業倫理についての疑問が生じます。スーパービジョンは，組織の運営に抵抗するためのツールになってはいけませんし，スーパーバイザーが管理者の役割を担ってもいけません。助けや支援を必要とするスーパーバイジーの多様なニーズとその量の多さに，スーパーバイザーが困惑することもあります。時に，スーパービジョンとは，スーパーバイジーが職場におけるほとんどすべての問題について助けを求める状況であるかのように思えることがあります。そのため，本当に手助けが必要なのはどこなのか，何をスーパービジョンから省くべきなのかを評価することが難しくなります。

　スーパーバイザーは，スーパーバイジーの自立を積極的に促し，逆に依存を助長しないようにする必要があります。実際には，スーパーバイジーが困難な状況

スーパーバイザーのツールボックス5：
テーマに基づく最終評価

　この方法は，スーパービジョンの専門的な能力を育成するためにも，スーパービジョンのプロセスを評価するためにも用いることができます。スーパーバイザーは，スーパーバイジーに，共に評価すべきことが何かについて考えるように求めます。スーパーバイジーの提案の中で，最も関連性の高いものを選択し，それらのタイトルを考えます。これらのタイトルをそれぞれ大きな紙に書き，壁やテーブルや床など，部屋の中のいろいろな場所に貼ります。スーパーバイジーは，自由に移動しながら，その紙に自分の経験や思ったことを書いていきます。スーパーバイジーたちが書きたいことを書き留めたら，スーパーバイザーは全員が見ることができるようにそれらを集めます。まず最初にそれぞれの紙を別々に見た後，すべての紙を集め，その全体を見ながら分析していきます。スーパーバイザーは，質問しながら，話し合いを導いていきます。

- これらの評価を見て，どのような思いが湧いてきますか？
- どのような共通するテーマがありますか？
- どのような結論を出すことができますか？

についてスーパーバイザーにアドバイスを求める時，このことが生じます。私たちは，スーパーバイザーが一切のアドバイスをしてはいけないとは言いませんが，アドバイスをする際には常に慎重になる必要があると考えています。アドバイスは，あらゆるアイデアの中の一部に過ぎないという形で提示され，その後スーパーバイジーと一緒に検討されるべきです。もし，スーパーバイジーがスーパーバイザーの判断に過度に依存していると感じたら，できるだけ早くそのことについて話し合う必要があります。進めるにあたって何がスーパーバイジーの自立を妨げているのか，その根拠はどこにあるのか，セッションを通して検討することができます。

　倫理指針はスーパービジョンの明確な方向性と範囲とを定めるものですが，実際にはスーパーバイザーの職業倫理は継続的な批判と自己批判的思考を必要とします。ほとんどすべてのスーパービジョンのプロセスにおいて，スーパーバイザーが自分の行動について考えなければならない状況があります。スーパーバイザーは，自分がスーパーバイジーの状況を常に正しく理解しているとは限らないこと，また自分自身が理解できていないことをいつも認識できるわけではないことを念頭に置かなければなりません。実際に，現在の職場の混沌とした状態や不公平さが，スーパーバイザーにも不安や抑うつ状態を引き起こすことがあるかもしれません。スーパーバイザーの不安は，より一般的な職場の不備に関する議論への発展や，社会の発展に影響を与える努力に振り向けられることが望ましいでしょう。深く内面にある個人的な職業倫理は，問題のある状況に気づき，批判的に検討する能力や自分自身の誤りを認識し，その責任をとる覚悟にあらわれます。これにより，スーパービジョンはスーパーバイザーにとっても継続的な学習プロセスとなるのです。

第 6 章

オリエンテーション（志向）

　スーパービジョンが職場における学習の効果的なツールになるために，スーパーバイジーは正しい使い方を学び，スーパーバイザーは適切なオリエンテーションを行う必要があります。オリエンテーション（志向）[訳注 11] は，専門的なサポートを必要とするスーパーバイジーのニーズに対応し，彼らの仕事の性質に合わせ，学習をサポートするものでなければなりません。最も一般的なものは，テーマ志向スーパービジョン，ケース志向スーパービジョン，プロセス志向スーパービジョンです。スーパービジョンは，これらすべてを組み合わせて行うこともでき，スーパービジョンのプロセスの中で双方の合意が得られれば，方向性を変更することもできます。スーパーバイジーが遭遇する危機的状況によっては，スーパーバイザーから特別な配慮や特定の指導スタイルが必要になります。

スーパービジョンの使い方を学ぶ

　スーパービジョンを活用するすべての人が，スーパービジョンが何に役立つのかを明確に理解しているわけではありません。スーパーバイジーはどのような課題をセッションに持ち込むべきか，また持ち込むべきでないかについて，必ずしも理解しているとは限りません。また，どのようにスーパーバイザーにサポートや助けを求めれば，自分にとって最も有用で有益であるかを常に理解しているわけでもありません。スーパービジョンを初めて経験するスーパーバイジーは，セ

訳注 11）オリエンテーション（志向）：ニーズに合わせて，スーパービジョンの性質を決めること。

ッションでどのように振る舞うべきかについて，スーパーバイザーの助けを必要とすることがよくあります。また，長い間スーパービジョンに携わってきた人でも，そのプロセスからどのように深い恩恵を受けるのか学んでいないかもしれませんし，必ずしも学ぶとはかぎりません。そうであっても，スーパーバイザーは，スーパーバイジーが自分にとって最もメリットのある方法でスーパービジョンを活用できるように支援しなければなりません。

スーパービジョンの使い方を学ぶことは，段階的に捉えることができます。まず最初に，スーパーバイジーは，自分の仕事にとってのスーパービジョンの意義についてよく考えるべきです。この段階では，スーパーバイザーはセッションをどのように活用することができるかについての自分の考えをスーパーバイジーに明確に伝える必要があります。スーパーバイザーは，スーパービジョンで扱われるトピックや，それに適応する方法についてのさまざまな例を説明することができます。セッションにおけるスーパーバイザーの主な役割は，スーパーバイジーに多くのスペースを与え，彼らの話をよく聞くことです。スーパーバイザーは，対話的関わりを生み出し，サポートすることに集中する一方で，スーパーバイジーには，暴露されたり恥をかいたりすることを恐れずに，さまざまな種類の不完全な考えをスーパービジョンに持ち込むことができることを伝える必要があります。

スーパーバイザー自身の行動は，常に重要なモデルとなります。スーパーバイザーは，スーパーバイジーの仕事上の課題に関心を示し，明確な質問をし，自分自身の発言について議論し，生じた考えについてコメントを引き出します。スーパーバイザーはまた，学習的な対話のモデルでもあるのです。

例：スーパービジョンに意味を見出す

サムは，新たな管理職としての役割を担うことになり，定期的なスーパービジョンに参加しました。サムはこれまでスーパービジョンを受けたことがなく，スーパービジョンに何を期待すればいいのか，何のために利用するのかがよくわかっていませんでした。最初にスーパーバイザーは，サムが望めばセッションで取り上げることが可能な，さまざまな課題についてサムと話し合いました。最初のセッションでは，サムはスーパービジョンに適したトピックを何も持っていませんでした。しかし，スーパーバイザーは，サムの日常業務とそれに伴う課題について丁寧に尋ねました。サムは簡潔に答えつつ，スーパービジョンが自分のためになるのか疑っていました。

3回目のセッションで，あるトピックについて話している時に，サムは自分が新しい仕事に適しているかどうか，よく分からないことを認めました。中には，そのスタッフがどんな仕事をしているのかサムには十分に理解できていないスタッフもいました。しかも，そのうちの何人かは，サムの仕事に別の人が選ばれることを期待している人がいることも知っていました。スーパーバイザーはサムに，スーパービジョンを使ってこれらの考えについて探索したり，分析してみたいか尋ねました。サムは戸惑いながらも，それが許されるのかと尋ねました。スーパーバイザーは，スーパービジョンとは，自分の個性や専門性が仕事の中でどのように活かせるか，自分自身や仕事にどのような期待が寄せられているかを検討するのにふさわしい場であると説明しました。そして，これらのテーマを検討することが，サムのスーパービジョンの最も中心的な部分となったのです。

　スーパービジョンが仕事上の**さまざまなタイプ**の状況に対処する有意義な方法であることをスーパーバイジーが信頼し始めると，多くの場合，彼らは気になっていた疑問を話すようになります。この時，スーパーバイザーは，彼らが一旦立ち止まって，より深い方法でテーマについて考えることを助け，難しい課題に伴う不安感に耐えるように励まさなければなりません。スーパーバイジーが，より深く検討したいことをまだ明確に決められない場合，スーパーバイザーの役割は，彼らがリフレクティブ・サイクルの特定の段階にリフレクションを限定するのを助けることです。

　スーパーバイジーがスーパービジョンを上手く使えるようになればなるほど，スーパービジョンの目的を深めることが重要になってきます。最初のうちは，スーパービジョンの明確な目的を定めることが難しく，ごく一般的なレベルの目標で取り組むことになるかもしれません。目標が設定されると，スーパーバイザーはより明確にそれにそって行動することができ，スーパービジョンの方向性についてスーパーバイジーに定期的に確認することができます。またこの時期は，過去の経験を検証し，これまでにスーパービジョンについて学んだことを評価し，それをどのように活用できるかを検討するのに適しています。このようにして，スーパービジョンの新しい目標やトピックを設定することができるのです。

　スーパーバイザーは，全く新しい疑問や視点を提起したり，まだ議論されていないが議論されるべきトピックを掘りおこすことで，スーパーバイジーの専門的

第6章　オリエンテーション（志向）　　93

能力の育成の領域を広げることができます。また，スーパーバイザーは，新しい話題や難しい話題を恥ずかしさや葛藤なしに話し合う方法の例を示します。これにより，スーパービジョンは，仕事の失敗の経験について振り返ったり，仕事中に生じた困難な感情に対処したり，自分自身の仕事についての倫理観を批判的に評価するためにも使用することができるようになるのです。

スーパービジョンを上手に活用しているスーパーバイジーは，たいていスーパービジョンのセッションに向けて事前に準備をし，自分にとって重要なトピックに早くたどり着くことができます。また彼らは，自分が望んでいることを明確に表現するだけでなく，より広い範囲の共通の質問や一般的な質問を見極める方法も知っています。彼らは自分の仕事を多面的に検証したいと思っており，あえて自分のコンフォートゾーン[訳注 12]の外に出ようとします。

また，経験豊富なスーパーバイジーは，取り扱う現象について，かなり具体的なレベルと，抽象度の高いレベルを柔軟に行き来することにも慣れています。個人的なものと専門的なものの間を適切に行き来することもできます。促されなくても，彼らは自分の仕事に対するスーパービジョンの意味を評価し，以前に話し合ったトピックに関して，日常の仕事の中で生じたことを説明します。満足できない場合は，スーパービジョン自体の問題についてあえて議論することもあります。

スーパーバイザーは，スーパービジョンの効果的な使い方を教えるだけでなく，セッションでのワークの方法に関する基本的なガイドラインを定めておく必要があります。明確なワークの方法を用いることで，セッションの進行を構造化し，学習を促進することができます。特にスーパービジョンの開始時には，スーパーバイザーはスーパーバイジーが用いることができるさまざまなオプションを提示し，どのオプションがスーパーバイジーのニーズに最も適しているかを共に検討できるようにします。さらに，いろいろなアプローチを提示することは，スーパーバイジーがスーパービジョンのさまざまな見通しを認識するのに役立ちます。

テーマ志向スーパービジョン

テーマ志向スーパービジョンでは，あらかじめ決められたテーマに取り組みま

訳注 12）コンフォートゾーン：ストレスや不安がない安全地帯。

スーパーバイザーのツールボックス6：

自分自身の行動を評価する

スーパーバイジーの現在の課題に着目して，過去の経験を検討することは良いことです。この方法は，対象となる課題が外部から指示されるような一般的な方法とは異なります。現在の本質的な問いの観点から評価が行われると，本当に生き生きとした有益なものとなります。また，自分自身の行動を評価することは，スーパービジョンのプロセスの評価にも活用できます。こうすることで，現在抱えている課題が，これまで学んできたスーパービジョンの意味を評価することや，今後の仕事を発展させるのに役立つのです。

評価の際，スーパーバイザーはスーパーバイジーに，今の自分にとって重要な課題を考えてもらいます。そして，その課題についてこれまでの経験から何を学んだか，その学びが今後の仕事にどのような影響を与えるかを考えます。スーパーバイジーの最も関心のある課題は，例えば「部下がストレスの多いクライアントの仕事に疲れ切っている時に，チームリーダーとしてどのように行動したら良いだろうか？」かもしれません。この課題を通して，過去のことをより深く考えることができます。

- ・ 以前には，どのようなことがうまくいきましたか？
- ・ 避けるべきことはどのようなことですか？
- ・ あなたの経験では，何が重要だと思いますか？
- ・ 同じような状況で行動することについて，これまでどのようなことを学びましたか？
- ・ これまでの経験をどのように活用できますか？

第6章　オリエンテーション（志向）　95

す。テーマはスーパービジョン開始時に決めることもできますし，各セッションのテーマについて，その前のセッションの終了時に決めることもできます。また，セッションの間にメールなどでテーマを決めることもできます。

テーマに沿った作業は，どのテーマをより詳細に検討し，どのような課題を展開すべきかが最初から明確である場合のスーパービジョンのプロセスに適しています。そのため，特に短期間で行われる場合に選ばれます。また，何らかの理由により，スーパーバイジーが，各セッションの開始時に自由かつ迅速にテーマを考えることが困難である場合にも有効です。テーマに沿った作業は，通常，スーパーバイジーとスーパーバイザーの両者にとって比較的安全なアプローチです。スーパーバイジーは，スーパービジョンで行われることが予測しやすくなり，スーパーバイザーは，セッションの内容や進行を事前に準備することができます。これは，セッション中の対話を深めるのにも役立ちます。

テーマの選択には十分な時間をかけ，そのテーマはスーパーバイジー自身の仕事に関する課題から生まれるべきです。もしも，同じスーパービジョンのプロセスの中で複数のテーマを選択する場合は，テーマを取り上げる順番を検討するとよいでしょう。一般的で広範なテーマもあれば，個別的で限定的なテーマもあるでしょう。また，あるテーマを検討することが，他のテーマの良い土台になることもあります。テーマの順番を考えることで，学習を支えるより良い方向性が見えてきます。

テーマを選ぶ際には，スーパーバイジーがセッションに向けてどのように準備をすればよいか，事前に合意しておく必要があります。スーパーバイジーは，与えられたテーマに関連する職場の状況を観察したり，そのテーマに関する理論的な情報を探したりするなど，さまざまな方法でテーマに取り組む準備をすることができます。また，スーパーバイザーは，スーパーバイジーがどのようにテーマの準備をすることを望んでいるかを尋ねるべきです。準備の目的はセッション中にテーマに沿った作業を深めることです。つまり，スーパーバイジーが，テーマに関連した過去の経験を想起し，本質的な要素に注意を向け，スーパービジョンに気持ちを向けることができるようにするためです。さらに，準備をすることで，セッションとセッションの間のリフレクティブ・プロセスを継続することもできます。

テーマへの取り組みは，その時々のテーマに関連した質問をスーパーバイジーに投げかけることから始めます。これにより，スーパーバイザーは，スーパーバイジーがテーマについて考察するためにどのような助けが必要か評価することが

できます。スーパービジョンでは，テーマに関するあらゆる準備が考慮されるべきです。スーパーバイザーは，スーパーバイジーが準備中に観察したことについて話してもらったり，自分にとって重要な他の気づきについて提起してもらうことができます。多くの場合，スーパーバイザーは，スーパーバイジーがテーマを分析し，さらに小さなテーマに分割するのを助ける必要があります。1つのテーマについて取り上げた後，いったん立ち止まって，話し合われたたトピックが日常の仕事においてどのような意味を持つのかを考えることが効果的です。

ケース志向スーパービジョン

ケース志向のスーパービジョンでは，具体的な仕事の状況を選んで検討することが必要です。ケース検討は，難しいクライアントに関する仕事に従事しているスーパーバイジーや，新しい専門分野や管理者としての立場でスーパービジョンに取り組んでいるスーパーバイジーに特に適しています。ケース検討を行うことで，他の方法では見落とされがちなさまざまな現象が見えてきます。ケースにもとづく作業は，行動と結果の関連性を最も明確にすることができます。また，ケース検討を行うことで，スーパーバイジーの個人的な専門知識，長所や短所が浮き彫りになります。このような理由から，ケースにもとづくスーパービジョンを行うには，外部からの判断を恐れず安心して自分自身の仕事を検証／評価できる安全で励みになる環境が必要なのです。

ケースにもとづく作業を開始する際には，どのようにケースを選択するかを決めておく必要があります。これについては，スーパーバイジーの専門的能力を育成するためのニーズを念頭におく必要があります。まず最も困難なケースを選ぶのか，それとも成功したケースを検証しそこから何が学べるかを考えるのか，あるいは新しい知識やスキルを身につけられるような検証を行う方が良いのか考えます。選択の基準を随時変更することで，ケース検討のさまざまな側面から多様な学びが得られるようにする必要があります。

基準が決まるとケースをどのように準備し，スーパービジョンでどのように話し合うかを決めることができます。一般的にはスーパーバイジーがケースの概要を記載し，事前にスーパーバイザーや他のスーパーバイジーに提示しておくという方法があります。場合によっては，実際の仕事の状況を記録し，ビデオや録画を中心にすすめていくことも可能です。あるいは，セッションの始めに口頭でケ

ースを説明し，その後どのように取り扱うかを検討することに合意を得る方が良い場合もあります。

　ケースを取り扱うには，明確な手順が必要です。セッションの最初に，参加者全員がケースの概要を理解できるように，十分な時間をかけることが重要です。書面での説明がある場合は黙読することができます。記録がある場合は，スーパーバイジーはその背景を説明する必要があります。セッションの中で初めてケースが説明される場合は，ポイントを書き留めたり，絵や図を描いたりして分析することができます。参加者全員が視覚的に共有できるものを作成することで，話し合いやすくなり，対話が促進されるのです。想像力を働かせることで，参加者は自分が実際に体験していなくても学ぶことができます。

　この後，スーパーバイジーがケースについて抱いている疑問点に焦点を合わせます。スーパーバイザーは，スーパーバイジーにケースについて特に疑問に思う点，助けが必要だと感じている点，スーパーバイザーや他のスーパーバイジーに何を求めているのかを説明するよう求めることができます。この情報は，スーパーバイジーがリフレクティブ・サイクルのどの部分にいるかをスーパーバイザーが理解するのに役立ち，スーパーバイザーが適切な方法でワークを導くことを可能にします。

　ケース志向スーパービジョンの中心的な課題は，スーパーバイジーがいったん立ち止まって深く考え，仕事の状況から距離を置けるようにすることです。これにより，本質的なことについて自分の仕事から切り離し，今後の行動の指針となる新たな視点を得ることができます。また，個々のケースを多角的に現象と結びつけることで学びが深まります。過去の経験や同様の状況を活用し，どのような要因が行動に影響を与えているか分析することが求められます。

・どのような要因や特徴が，特定の結果につながっていると思いますか？
・良い結果を生みだすために成功した部分や行動は何でしょうか？
・いつもと違う行動をしたり，何かに気づいたりするのはどのような時でしょうか？

　ケースを取り扱った後は，このプロセスから何を学び，自分自身の行動に移せるのは何か，少し立ち止まって考えることが大切です。

98　　第II部　実践と方法

スーパーバイザーのツールボックス7：
関係性マップ

　関係性マップは，仕事の状況に関係する人々，グループ，組織，およびその他の影響をもたらす者たちの間の関係を描写するのに役立ちます。全体像をみることは，スーパーバイジーたちが自分の役割ややるべき仕事，そして重要な他のグループや組織が誰であるかをより明確に把握するのに役立ちます。また，難しい状況から距離をとることもできます。これは，サービス業に関する難しいケースで必要かもしれません。

　関係性マップは，最初に仕事の状況を説明する際にスーパーバイジーが作ります。説明に基づいて，スーパーバイザーもしくはスーパーバイジー自身が，さまざまな絵図を使用して状況に関連する人物，グループ，組織，状況を描きます。さまざまな人やグループ，組織の関係性を反映させるように描写することが重要になります。関係性の質は，言葉や矢印，稲妻マークなどさまざまな図形によって描くことができます。描いている間，スーパーバイザーは質問することができます。

・その人物やグループ，組織は，全体の中のどこに配置するのが良いでしょうか？
・それぞれの外部関係者間には，どのようなつながりがありますか？
・外部の関係者同士の関係の質はどうでしょうか？
・全体の中で，誰が重要人物で，重要でない人は誰でしょうか？
・マップに描かれていない重要な人や外部の関係者はいますか？

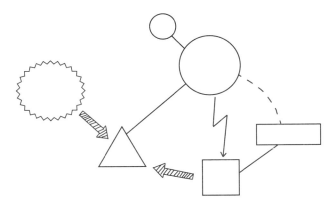

図2　関係性マップ

第6章　オリエンテーション（志向）

- ケースを取り扱うことによって，自分自身の行動のどんな特徴が浮き彫りになりましたか？
- このケースは，職場環境，慣行，他者の行動についてどのようなことを示していますか？
- 新しいアプローチの形が見えてきましたか？ あるいはそもそも新しいアプローチを開発する理由はありますか？

プロセス志向スーパービジョン

　プロセス志向のスーパービジョンとは，テーマやケースを前もって決めずに行うセッションです。各セッションの中で，どのようなトピックでワークをするか，どのようなアプローチをとるかを決めます。

　プロセス志向の作業は，継続的にスーパービジョンを活用し，さまざまなトピックを提案できるスーパーバイジーに向いています。この方法は，トピックを検討する際に迅速な理解と的確なアプローチを選択する能力が必要であるため，スーパーバイザーにとっては最も難しい方法です。プロセス志向のスーパービジョンの利点は，職場で今困っていることを明らかにし，それについて検討するためのサポートを即座に提供できることです。

　プロセス志向のスーパービジョンを実施する場合，スーパーバイザーはセッションをどのように進行していくのかをスーパーバイジーに明確に説明する必要があります。セッションの開始時には，現在の仕事の状況をよく把握するための時間を十分にとる必要があります。繰り返し現れるテーマを見つけ，またその意味をしっかりと見極める必要があるからです。このためプロセス志向のセッションでは，通常スーパーバイジーがさまざまな仕事に関する課題について話し合うための時間を最初にとる必要があります。スーパーバイジーとの話し合いでは，話し合いたいトピックはいろいろ出てきてかまいません。スーパーバイザーの役割は，相互の対話的関わりを促進し，対話を継続することができるような方向性を提示することです。

　十分な数のトピックが出てきたら，スーパーバイザーは，スーパーバイジーがどのトピックに焦点を当てたいかを尋ねます。スーパーバイジーが継続のためのテーマを決めない場合には，スーパーバイザーは最初にスーパーバイジーが懸念している課題として開示した内容に基づいて，今後の方向性に関する自分の提案

を示すことができます。スーパーバイザーは，検討中のトピックが必ずしも仕事に関連した問題である必要はないということを覚えておくとよいでしょう。有意義な対話は，好奇心や興奮から生まれる新しい話題，仕事での成功体験，普段の仕事では十分に考えることができない仕事にまつわる倫理的な問題などから生まれることも多いものです。

　継続の方向性が決まったら，スーパーバイザーの役割は作業を進めるための条件を整えることです。ここでは，スーパーバイジーのリフレクティブ・サイクルから生じる課題やトピックを観察し，作業を方向づけることが役に立ちます。選んだテーマに関連した，より具体的な質問の形成，分析，行動の予測，試行の計画，過去の行動の評価などをリフレクティブ・サイクルの特定の段階に焦点を当てて行うことは効果的です。スーパーバイザーはリフレクションの段階が分かったら，その段階とスーパーバイジーの現在のニーズに合ったアプローチを選択します。

　プロセス志向のセッションの終わりには，そのセッションがスーパーバイジーの学習を促進したかどうか，またそのセッションがスーパーバイジーの仕事にとってどのような意味を持つかを簡単に評価するとよいでしょう。これにより，プロセス志向のワークがスーパーバイジーにとって可能な限り最良の方法を提供したかどうかを確認することができます。プロセス志向のワークがさらに進むと，セッションの進行中に検討されたトピックに注意を払うことが重要です。例えば，なぜそのトピックが選ばれたのか，プロセス志向のワークがどのような利点や制限をもたらしたのか，スーパーバイジーが自分のプロセス志向の手法がどのように変化し発展したと感じているのかなどを考えることは助けになります。

　スーパービジョン中には，いったん立ち止まり選択したアプローチがどれだけうまく機能しているかについて頻回にスーパーバイジーと共に評価することが望ましいです。ときには，スーパービジョンが行き詰まったり，議論が繰り返されたりするのは特定のアプローチがスーパーバイジーのニーズに合わなくなったことが原因かもしれません。スーパーバイザーはスーパーバイジーに他のアプローチを思い出してもらい，どのようなアプローチがスーパービジョンを進めるのに最適なのかを一緒に考えることができます。

危機的状況下でのスーパービジョン

　スーパーバイザーはさまざまな形でスーパーバイジーの危機に対応します。私

第 6 章　オリエンテーション（志向）　　*101*

たちは，危機とは人が人生においてバランスを崩し，いつものやり方では対処できないと感じている状況だと理解しています。私たちの経験ではスーパーバイザーが対処すべき危機は，大きな組織変更，職場コミュニティでのかなり激しい対立，過酷なサービス業で生じる非常にストレスフルな状況のいずれかに関連したものがほとんどです。危機に対処する際には，人間関係のさまざまな現象に関する多くの特別な心理的社会的要因を伴うため，スーパーバイザーは適切な**危機デブリーフィング**^{訳注 13)} を行うためにさらなるトレーニングを受ける必要があります。

　スーパーバイザーが突然スーパーバイジーの危機に遭遇した場合，その状況で何を約束し何を始めるかについて，特に注意を払う必要があります。危機的な状況に陥るとスーパーバイジーは普段よりも要求が多くなり，依存的になる可能性があります。無意識のうちに，スーパーバイザーに多くの希望や期待を寄せています。スーパーバイザーもまた，救いたい，守りたい，気にかけたい，導きたいなど，さまざまな感情を抱くかもしれません。スーパーバイジーの期待は，スーパーバイザーに不快感や苛立ちを与えることもあります。その場合，スーパーバイザーは挑発などのスーパーバイザーの本来の役割から外れたことをしないように，常に注意を払う必要があります。

　スーパーバイザーが自分の役割の境界を超えずに危機を緩和することができるかどうかについては，一般的な答えはありません。しかし通常スーパーバイザーはスーパーバイジーをサポートし，彼らがどのような支援を必要としているかをより明確に描くことを支援することができます。職場内で対立がある場合，そのことを取り扱うには職場の管理職の同意が必要であり，場合によっては彼らの参加も必要です。危機が対人援助職に根ざしていて突然の感情的な緊張がある場合は，その状況が実際に専門家による**デブリーフィング**を必要とするかどうかを検討する必要があります。いずれの場合も治療的なサポートが必要かどうかを判断すべきです。

　訳注 13) デブリーフィング（debriefing）：元来は状況報告や事実確認という軍隊用語。災害や精神的ショックの急性期に PTSD を予防するために恐怖の体験を集中的に聞く心理的治療法として広まったが，2018 年頃に災害時利用は効果が否定されています。本書は 2011 年に書かれ，さまざまな心理技法を取り入れていることを示しています。ここでは，スーパーバイザーが通常のスーパービジョンの中で突然危機に遭遇した場合について説明しています。

実際のスーパービジョンのセッションの中で，スーパーバイザーがスーパーバイジーの危機を全く予期できないまま遭遇するという状況は，スーパーバイザーにとって常に困難な局面であり，通常は混乱をきたします。このような場合，スーパーバイザーは通常，ある種の「応急処置」を提供し，セッション後にどのように支援できるか検討することを約束するしかありません。

　スーパーバイザーは，危機に遭遇したスーパーバイジーの話をよく聞き，冷静かつ客観的であるべきです。冷静に話を聞いた後，スーパーバイザーはスーパーバイジーの話を要約し，自分が理解した本質的なことを伝えることができます。このようなミラーリング作業の後にスーパーバイザーはスーパーバイジーに，スーパーバイザーのような外部の者が理解したことを説明するのを聞いて，どのような考えを持ったのかを説明してもらいます。多くの場合，このような単純な支援であっても，スーパーバイジーは危機の中で自分が主体的に行動しているという感覚を持ち，自分が今後さらにどのような支援を必要としているのか理解するのに役立ちます。そしてスーパーバイザーは，スーパーバイジーが状況の事実とそこから生じた感情とを切り離すのを助けることができます。

例：危機的状況下で本質的なことを切り離す

　クリスティは，薬物使用をしている若者のケアをするという困難な仕事をしていました。彼女は長い間この仕事をしていたので，仕事の緊張感と向き合うことに慣れていました。しかし，長く付き合ったクライアントの死は，彼女にとって特に辛く苦しいものでした。彼女はそのクライアントのことが頻繁に頭をよぎり夜になると彼女の死にまつわるさまざまなことを考えて目が覚めてしまうことに気がつきました。

　クリスティは，職場コミュニティのスーパービジョンのセッションで自分の状況を話しました。起こったことや自分の経験を話しているうちに，彼女は激しく泣き出してしまいました。それと同時に，なぜこのクライアントの死がこんなにも特別に自分を苦しめるのか，その理由が分からないのでとても混乱していると言いました。クリスティと彼女の職場コミュニティは，セッションの一部を彼女の状況について考えるために使うことに決めました。

　スーパーバイザーはクリスティに，彼女が心の中でクライアントの死を何と結びつけているのかをゆっくりと説明するように頼みました。スーパーバイザーは，クリスティの話を聞きながら，彼女の話のポイントになる部分を

第6章　オリエンテーション（志向）　103

書き留めました。この後クリスティはボードに書かれたポイントを読み，どのポイントが自分の中で最も強い感情を呼び起こしたかを振り返るよう求められました。クリスティはすぐに，最も感情的になったのは，クライアントが亡くなったときに自宅で一人だったことだと答えました。しかし同時に，重病で一人暮らしをしている自分の父親への心配と関係があるかもしれないと理解しました。父の病状に対する不安や死への恐怖が，このクライアントの状況と何らかの形で結びついていたのです。スーパーバイザーはクリスティに，自分の状況をもっとしっかり取り扱える場所があるかどうかを尋ねました。その結果，クリスティはこの課題についてさらに向き合うために，心理士とのアポイントメントを取ることに同意しました。

第7章

アクション・メソッド

（非言語的メソッド）

　第Ⅱ部の最後では，スーパービジョンにおけるアクション・メソッド
の活用についてご紹介します。アクション・メソッドとは，話すことや
書くこと以外の方法によるスーパービジョンの進め方やコミュニケーシ
ョンの方法のことです。この章では，アクション・メソッドに興味のあ
る人が，その活用についてより多くの情報を得ることができるように，
一般的なアクション・メソッドの利点に焦点をあて，最も効果的ないく
つかのリフレクションの方法を紹介しています。さらに，他の目的でア
クション・メソッドを使ったことがある人が，スーパービジョンでどの
ように活用できるかについて示すことも目的としています。

なぜ，アクション・メソッドなのか？

　アクション・メソッドをうまく使えば，さまざまな方法でリフレクションを豊
かなものにすることができます。アクション・メソッドを用いることで，スーパ
ーバイジーは，自分が仕事で経験していることや仕事の状況について考察するこ
とができます。最もうまくいけば，全ての人の経験の幅を広げたり変化させるこ
とができます。アクション・メソッドは，少なくとも2つの理由から本質的に対
話的であると言えます。第1に，アクション・メソッドにはあらゆる種類の経験
を表現すること，そしてそれを受容することを自然に保証する相互作用の原理が
組み込まれています。第2に，これらの方法は，他の方法では達することができ
ないほど深いレベルの経験に到達することができます。アクション・メソッドが

第7章　アクション・メソッド（非言語的メソッド）　　*105*

効果的な理由はここにありますが，それは用いるのが難しい理由でもあります。

　スーパービジョンにおけるアクション・メソッドは，常にスーパーバイジーの仕事や職場における役割に役立つものでなければなりません。「娯楽」や「感覚的な感情の実験」「スーパービジョンを行う者の個人的な熱意だけで行われる活動」になってはいけません。スーパービジョンで用いる方法は，全てスーパーバイジーとの合意が必要です。スーパーバイジーが，「何が」「どうして」行われるのかを理解し，受け入れていなくてはなりません。

　最も簡単なアクション・メソッドは，特別なトレーニングを受けなくても安全に活用することができます。ロールリバーサル（役割転換）など，より難しい方法を使用したい場合は，さらにトレーニングを受ける必要があります。方法のマネジメントに加えて，スーパーバイザーは，関連するより深い心理について理解することが必要になります。というのも，アクション・メソッドは正しく使えば，単なる表面的な活動ではなく，パワフルでときには非常に強く予測できない影響をもたらすからです。経験豊富なスーパーバイザーであっても，生じる全てのことをコントロールすることはできません。そのためスーパーバイザーは，個人の心やグループダイナミクス（集団の力動）^{訳注 14)} への影響を理解しなくてはいけません。また，どのようなアクション・メソッドが使えるか，あるいは使えないかを判断できなければいけません。つまり，自分のスキルと知識が十分かどうかを認識しておく必要があります。

　アクション・メソッドの主旨は，**自分自身の経験を探求する**ことです。この探究は，**距離をとる**ためのツールとしても，**深める**ためのツールとしても使用できます。スーパーバイジーが仕事において困難な状況に陥っているときには，広い視野で自分の役割を見つめるために距離をとる必要があります。スーパーバイジーが，仕事と関係が深い他領域のことを理解していない，把握していないと感じる時はスーパーバイジーの経験を深める必要があります。アクション・メソッドが距離をおくツールとして機能する場合，スーパーバイジーはある意味，自分の内的対話を外から見ることができます。そしてまた，経験を深めることでスーパーバイジーの内的対話は重要な新たな領域に広がることも可能になります。

　訳注 14)　グループダイナミクス（集団の力動）：ドイツの社会心理学者クルト・レヴィン Kurt
　　Z. Lewin（1890 ～ 1947）により提唱された集団力学に関する理論です。個人の考えや行
　　動は集団から影響を受け，また集団は個人の思考や行動から影響を受けるとされ，現在では
　　経済学，心理学，教育やビジネス，スポーツなど広く応用されています。

どのアクション・メソッドを用いるにしても，スーパーバイザーは，スーパー
バイジーのリフレクティブ・サイクルの段階を考慮する必要があります。仕事の
状況についてスーパーバイジーの課題を明確にする段階でしょうか？ それとも
課題はすでに明確になっていて，さらに詳細な分析する必要がありますか？ スー
パーバイジーはどう行動すべきかについての選択肢を探したり，実際の計画を立
てることについて助けを必要としていますか？ それとも，すでに実践したことの
評価についての支援を必要としていますか？

　アクション・メソッドを用いる際，スーパーバイジーのリフレクティブ・サイ
クルの段階が考慮されていないと，楽しくやりがいを感じることはあったとして
も，目的が不明確なままになります。結果として最終的には不快で混乱した経験
となり，適切な方法とは言い難くなる可能性もあります。これはスーパーバイジ
ーが行うべき作業から焦点がずれ，アクションの実施そのものに重きを置くよう
になったことを意味します。これではスーパービジョンの恩恵を受けることがで
きません。

　リフレクションを支援するアクション・メソッドを，簡単なものから，①シン
ボル，②関係の具象化，③エンプティ・チェア，④ロールリバーサル（役割転換）
の順番で紹介します。それぞれの方法の中でも，簡単なものから順番に説明して
いきます。

シンボル

　シンボルは，さまざまな種類の絵やアイテムのことで，スーパーバイジーがそ
れらに意味を与えます。多くのスーパーバイザーは，絵カードや小物，冷蔵庫の
マグネット，さまざまな自然の要素，スーパービジョンを行う部屋にある備品や
家具などを利用します。最も一般的なシンボルを使う方法は，話し合いのテーマ
に関する自分の経験を表すものを，スーパーバイジーにアイテムや絵の中から選
んでもらうことです。スーパーバイジーにとって，自分の経験を表すシンボルが
複数になることもあります。グループ・スーパービジョンやコミュニティ・スー
パービジョンでは，全員が順番に自分の選んだアイテムの意味を説明することが
できます。またスーパーバイジーに，他の人と一緒にコラージュを作り上げてい
くように，他の人のシンボルにつなげて自分のアイテムを床に置くように促すこ
ともできます。

第 7 章　アクション・メソッド（非言語的メソッド）　*107*

シンボルは，スーパービジョンの状況に慣れ，日常的なやりとりから対話的関わりに移行していけるように，セッションの冒頭でよく使われます。例えば，スーパーバイジーがセッションに参加した時の自分の状態を表す絵やアイテムを選んでもらってもいいでしょう。スーパーバイザーは，シンボルについて明確で要点をついた基準を一つだけ与えましょう。グループ・スーパービジョンでは，シンボルやその意味にこだわるあまり本来の目的を見失ってしまう危険性があります。その場合，会話は非常に抽象的で一般的なものになり，スーパーバイジーは，シンボルについて話し合いのテーマに関するものではなく，シンボル同士を結びつけるようになります。スーパーバイザーの役割として，作業を一貫性のある理解可能なものにすることが重要になります。

例：シンボルのコラージュ

　ある学校のスーパービジョンで，今生じているさまざまな変化と，そのことが仕事やその構造に及ぼしている影響について話し合われました。この状況はかなりの混乱や悩ましい状況を生んでいるようでした。スーパーバイザーは数種類の絵葉書を床に広げ，スーパーバイジーたちにその絵葉書の中から今変化の中にある自分の職場の状況を表していると思うものを１つか２つ選んでほしいと言いました。スーパーバイザーは，床に敷かれたカーペットがスーパーバイジーの仕事場のコミュニティ全体を表していると説明しました。スーパーバイジーたちは一人ひとり自分のカードを見せながら，そのカードを選んだ理由を説明しカーペットの好きな場所に置いていきました。コラージュは混沌とした感覚で構築され，スーパーバイジーたちが求める方向性を強く示していました。

シンボルを使うことは，特に個人スーパービジョンにおいて，距離を置くための有効なツールとなります。スーパーバイジーは，自分の職場環境全体とそのさまざまな要素をシンボルや写真から構築し，その中に自分自身をシンボルの形で加えることができます。そうすることで，自分もその一部であるという全体像がわかりやすくなります。コミュニティ・スーパービジョンやグループ・スーパービジョンでは，オブジェクト（物）が想像上のグループや状況を作り，それを通してスーパーバイジーが自分の悩んでいることを考察することができます。思考的なプロセスをストップし，想像力を働かせることで新しい視点が生まれます。

このような多層的な作業は，分析の段階や場合によっては行動を予測する段階に
最も適しています。アクション・メソッドを使うことで，スーパーバイジーはさ
まざまな選択肢を試し，その結果を検証することができます。このような予測は，
現実には不可能な大胆なアイデアを試す機会になります。

関係の具象化

　関係の具象化とは，人々や当事者たちの間で生じていることを描写するさまざ
まな方法を意味します。具象化は，それぞれの参加者や当事者たちが目の前の状
況をどのような視点で捉えているのかを明確にします。具象化することで，対話
的関わりに影響を与えるさまざまな視点が迅速に示され，新しい視点で見ること
が可能になります。今まで見えていなかったものは何か？　どのような視点がまだ
考慮されていないのか？　どのような視点をさらに明確にすべきか？　などです。
　物や出来事，現象，そして人との関係は，さまざまなタイプの線や空間を使う
ことで具象化することができます。どちらも個人スーパービジョンとグループ・
スーパービジョンのいずれにも適用できます。**線**とは部屋の床に描かれた想像上
のベクトルのことで，この線の両端はその時点で話されているテーマについて対
照的な状況を表しています。線はテープを使ったり，床の素材の線や縫い目を利
用して可視化することができます。スーパーバイザーは，スーパーバイジー全員
に，自分や自分の経験に当てはまる線の上に自分の身を置くように指示します。**現
実の線**の例としてタイムラインがあります。この方法では，スーパーバイザーは，
全てのスーパーバイジーに，自分がその職業に就いた時点を基準にして線の上に
立ってもらいます。一方，**経験の線**は，スーパーバイジーが自分の仕事にどれだ
け意味があると感じているかを示すことができます。ラインの両端は「全く意味
がない」と「非常に意味がある」を示します。
　スーパーバイザーは，どのような質問をスーパーバイジーにするかを慎重に考
えなければなりません。なぜならば，スーパーバイジーは線の上に足を踏み入れ
る際，自分自身について多くの重要なそして微妙な事柄を明らかにするからです。
感情に関する質問には特に注意が必要です。コミュニティ・スーパービジョンで
は，スーパーバイジーの将来の仕事に悪影響を与えるようなことが偶然にも明ら
かにならないよう，特に注意しなければなりません。
　空間は，さまざまな仕事の内容を示し，テーマに関する多様な側面を表すよう

に決めていきます。ここで重要なのは，空間の中心部分と側面や角の部分とのコントラストです。この進め方では，スーパーバイジーに与えられた指示に基づいて，部屋の一部の空間に移動してもらうようにします。空間や線は，スーパーバイザーが意図的に使用すればリフレクションのすべての段階で使用できます。

　例えば，セッションのテーマが職場の課題に関することであれば，顧客サービス，報告書作成，マーケティング，評価など，課題に関する仕事の内容を，部屋のさまざまな場所に配置します。それぞれの場所がどの仕事内容を示す空間なのか，紙に名前を書いて壁に貼っておくと良いでしょう。そして，スーパーバイザーは，スーパーバイジーたちに現在最も困難を感じていない仕事内容の場所に移動してもらいます。次に適切な量の課題を感じている場所に移動してもらい，最後に最も困難を感じている場所に移動してもらいます。最初に，スーパーバイジーたちは同じ場所に集まった人たちと経験を共有します。その後，全員の考えや経験を取り上げて話し合いを発展させていきます。最後にスーパーバイジーたちは，具象化の作業を通してそれぞれの仕事の領域について学んだことを評価します。

　また，顧客，外部の協力者，現場の同僚，組織の経営陣など重要な立場ごとに空間をつくることも可能です。スーパーバイザーの指示に従って，スーパーバイジーたちに特定の立場のグループの空間に移動してもらいます。スーパーバイジーたちはまず小グループで話し合い，その立場の視点から見た場合テーマがどのように見えるかを考えます。そしてその話し合いをグループ全体に伝え，次の別の空間に移動して今度は別の立場の視点でテーマを検討します。このようにすることで，スーパーバイジーたちは異なる空間に移動しながら異なる立場の視点で物事を見ることができます。

例：さまざまな期待について考える

　大企業の専門家チームが参加するスーパービジョンでは，さまざまな期待が語られました。これらの期待は議論の中で構造化されなかったので，さまざまな期待に対するスーパーバイジーたちの気持ちが表明される傾向がありました。スーパーバイザーは，スーパーバイジーたちに自身の立場を示している場所に立つように求めました。部屋の中のあるコーナーにはスーパービジョン中のスーパーバイジー，別のコーナーには組織の管理者，３つ目のコーナーはスーパーバイジーの同僚でした。スーパーバイザーはまずスーパー

バイジーたちに自分のいるコーナーから見たそれぞれのコーナーの様子を一言ずつ話してもらいました。その後，全員がそれぞれのコーナーに入り，それぞれの立場の役割になってみました。スーパーバイザーは，グループがチームの中でそのスタッフに期待することをできるだけ具体的に表現するように促しました。同時にスーパーバイザーはその期待を書いていきました。最後にスーパーバイジーは自分の役割のコーナーに戻り，出された期待について検討しました。

　多くのスーパーバイザーは，**ネットワークマップ**に精通しています。ネットワークマップは，困難なクライアントに関する仕事の分野で使用される具象化のための方法の1つです。多くのネットワークマップは，スーパービジョンをする場所にある物，椅子，人などを使って描いたり作ったりします。多くの場合，ネットワークマップはリソースを中心に描かれます。マップの中央にはクライアントがいます。その周りには，親しい人たちやサポートシステムのネットワークが描かれています。またマップにはクライアントが関わる他の専門家である支援者も示されています。

　特に協力関係や業務の重なりの可能性を明確にする必要がある場合には，専門家である支援者専用のネットワークマップを作成することが有効な場合もあります。スーパーバイジーは，自分自身や自分の組織のネットワークマップを作成し，自分自身や仕事に関係する他の役割を担う人をマップ上に配置することもできます。これにより，スーパーバイジーは協力関係の質や必要な変更点について考えることができます。

　また，ネットワークマップの中心には，例えば椅子やその他の手近な物を用いて，何らかのテーマや現象を描写することもできます。スーパーバイジーは部屋の中を歩き回り，最終的には中心におかれた物体から離れ，描写されたテーマについての**自分自身の体験**を表す場所に落ち着きます。全員が順番に，自分の選んだ場所や位置，描写された経験について話し合うことができます。スーパーバイザーは，ある側面についてもっと話してほしいと，明確な質問をすることができます。最後にこの具象化の過程で見えてきた全体像が明確になったときに，テーマや現象がどのようなものかを考えるように指示することもできます。

　対人援助職に従事している人にとっては，「クライアント」を空間の真ん中にすることが有効であることが多いようです。このようなワークを行うことで，スー

第7章　アクション・メソッド（非言語的メソッド）　　*177*

パーバイジーは自分自身の感情を和らげ，分析することができます。またグループ・スーパービジョンやコミュニティ・スーパービジョンでは，他のワーカーたちのさまざまな視点から他ではわからなかったサービス利用者の情報が明らかになることがあります。ネットワークマップを考えることは，トピックの分析に役立ちますが，多くの場合，新しい疑問が生じることになります。そのためスーパーバイザーは焦点がずれないようにしなければなりません。なぜならば，経験や疑問から生じる膨大な材料によって，焦点がそれてしまいがちになるからです。

例：同じクライアントに対するさまざまな関係

　ある家庭支援福祉センターのスタッフは，若いクライアントの一人が非常に困難な状況にあることに気づき，スーパービジョンの中でこのクライアントとの関係を分析したいと考えました。スーパーバイザーは部屋の中央にエンプティ・チェア（誰も座っていない椅子）を置き，スーパーバイジーたちにはその椅子から離れた場所に，若いクライアントとの現在の関係を表す位置に座ってもらいました。全員が順番に,その場で自分の考えを話しました。ときには，スーパーバイザーはスーパーバイジーたちに，実際にその若いクライアントが椅子に座っていると想定して，直接話しかけるように頼みました。全員が自分の場所で話した後，スーパーバイザーは，彼らが想定した若者（クライアント）について，どう思うかを尋ねました。椅子の周りに作ったセッティングの中で，若者（クライアント）はどのように見えましたか？

　スーパーバイジーたちは，若者（クライアント）が無意識のうちに，ニーズに合わせてそれぞれを利用していることに気づきました。そして，あからさまな悪意はありませんが，それぞれの人生の課題を刺激するような働きかけを行っていました。あるスタッフは常に邪悪な魔女であり，別のスタッフとクライアントはネガティブな感情を話すことができ，さらに別のスタッフに誘惑的に振る舞いました。スーパービジョンは，スーパーバイジーたちの気持ちを和らげ，状況に理解をもたらし，クライアントの成長に適した方法でサポートする大人として行動することに役に立ちました。

　ロールマップ（図3）も，多くのスーパーバイザーにとって身近なツールです。プロフェッショナルなロールマップとは,仕事の全体を描いたもので,そのさまざまな領域の役割が表現されています。例えば，スーパーバイジーの仕事の一つが

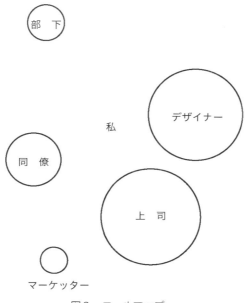

図3　ロールマップ

マーケティングであれば，これは「マーケッター」という形で表現されます。ここで言う役割とは，仕事の実践に関するものです。スタッフは，このような種類の異なる役割を通して，あるいはその中で仕事をしていると見ることができます。

　ロールマップは，シンプルに作ることも詳細に作ることもできます。シンプルな方法では，スーパーバイザーは，スーパーバイジーに自分の中心的な仕事を説明し，その役割に名前をつけるように求めます。この後，スーパーバイジーは，白紙の真ん中に円を描きそれを自分とします。次に，その時の役割の経験を振り返りながら，自分から離れたところにその役割を円で描きます。もし「マーケッター」という役割が，挑戦的で奇妙で満足できないと感じたら，より遠いところに描くことができます。一方でその役割の経験が不十分であっても，絶対にしなければならないものであれば近づけて描くこともできます。スーパーバイザーは，スーパーバイジーがそれぞれの役割についてどのように描くか考えるのを手助けします。

　より詳しいロールマップも同じように作っていきますが，最初は役割の定義に多くの時間が使われます。スーパーバイジーは，頭に浮かんだすべての仕事のタ

スクをできる限り詳しく列挙します。スーパーバイザーやグループの他のメンバーは，仕事のすべての側面が含まれるように，仕事のタスクを挙げることを助けることができます。この後，スーパーバイジーは同じような種類の仕事を4〜6つのグループにまとめ，それぞれのグループに役割の名前を与えるように求められます。このようなワークによって，スーパーバイジーは自分の仕事を新しい方法で検討することができます。

エンプティ・チェア

椅子は，体験を具象化するための多機能なツールです。椅子は，さまざまなテーマや現象の側面を表現するように設定することができます。スーパーバイジーは一人ずつ自由に椅子に座り，生じた考えを独り言のように，しかし他の人にも聞こえるように話すことができます。椅子に移動すると，スーパーバイジーはテーマの一面に集中し，それによって自分自身の内的対話を明確にし，深めていきます。

この種のワークの利点は，スーパーバイジーが言い残した曖昧な思いや感情をあえて口にしやすくなることです。また椅子を使用することで作業をゆっくりすすめることができ，通常よりも構造化されていない経験のためのスペースを確保することができます。スーパーバイザーは，椅子に座っている人が表層的なものや自明なものの背景に存在する経験に到達するように促すこともできます。これは他のスーパーバイジーたちが，より深く経験を考察することにも役立ちます。

椅子は，ロールマップを具現化することもできます。スーパーバイジーは，仕事の領域を他の領域との関係で表すように椅子を配置することができます。そして，例えば，仕事の領域を表すそれぞれの椅子に座り，それぞれの領域における自分の強みや能力開発上の課題について考えることができます。

例：エンプティ・チェアでロールマップを検討する

ローレンスは，自分に与えられた管理職への転属の機会について考えていました。スーパーバイザーは，ローレンスに，管理職として最も関心のある分野を挙げるように求めました。それぞれの分野に椅子が与えられ，全部で4つの椅子が用意されました。人間関係，顧客の仕事をリードすること，組織開発を指揮すること，組織のマネジメントチームで働くこと，です。スー

パーバイザーは，ローレンスにそれぞれの椅子に順番に座り，その分野のマネジメント業務がどのような考えや感情を引き起こすのか，声に出して考えるように促しました。

役割転換（ロール・リバーサル）

役割転換（ロール・リバーサル）とは，他の人の経験に関与することです。演技やコピーではなく，自分が他人の立場に立って，その人の視点から状況を検討することです。スーパービジョンにおいて役割転換を有効に使えるのは，スーパーバイジーが特定の関係性を検討したい場合や，サービス業を営むスーパーバイジーがスタッフとサービス利用者の関係性を検討したい場合などです。また，同僚との想像上の役割分担を行うことで，同僚の立場とスーパーバイジー自身の行動の両方を理解することができるかもしれません。

最も簡単な役割転換は，まずスーパーバイジーが自分の仕事の状況について何かを話し，その後，スーパーバイザーがスーパーバイジーに，自分の座っている場所を実際に変えて他の人の視点からその状況を見てみるように求めることです。また，状況を説明する際に，相手から見てどのように見えたのかを尋ねることもできます。このように，スーパーバイジーは自分から距離を置くことで，自分の行動や考え方に気づきやすくなります。

例：かつての上司への役割転換

ジョンはスーパービジョンのセッションのほとんどを，仕事上の困難な状況を打開するために使っていました。セッションの最後に彼は，尊敬していた以前の上司が今の状況について何と言うだろうかと考えていました。スーパーバイザーはジョンに，立ち上がって隣の椅子に移動し，自分が以前の上司の役割になるように求めました。スーパーバイザーは，上司役のジョンに次のように依頼しました。「あなたは，このセッションでジョンが話したことをすべて聞き，見てきました。彼はあなたがこのすべてについてどう思うか気にしています。あなたの考えを彼に伝えてください」。ジョンはすぐに元上司の役割を担うことができ，勇気を持ってジョンの状況を彼の視点から分析し始めました。彼が上司役として望むことを言った後，スーパーバイザーはジョンに自分の席に戻って，元上司が自分の状況について言ったことを考

第 7 章　アクション・メソッド（非言語的メソッド）　　175

えてみるように言いました。しばらく考えた後，ジョンはただこう言いました。「自分が何をすべきかがわかった」と。

　役割転換は，リハーサルの一種としても使用できます。スーパーバイジーが職場での特定の状況や人間関係を困難に感じている場合，想像上の設定で異なる行動をとる練習をすることができます。例えば，職場の上司にもっとフィードバックをもらいたいと思っていても，それを求める勇気がなく，またその方法もわからない場合，役割転換を使って状況を試してみることができます。エンプティ・チェアやグループの他のメンバーが管理職になり，スーパーバイジーは管理職に自分のニーズを表現するさまざまな方法を試しながら，アプローチすることができます。スーパーバイジーは，ときには管理者の役割になり，さまざまなアプローチが管理者にどのように見えるかを感じてみることができます。管理者がフィードバックすることを意図的におさえているわけではないことや，自分の考えを声に出して話す必要性に気づいていないことに新たに気づくような経験をするかもしれません。フィードバックを求めることを試すことで，スーパーバイジーは行動の選択肢を増やすことができます。これにより，スーパーバイジーのエージェンシーが強化され，その課題を実践する勇気が生まれます。

　役割転換のテクニックをさらに発展させる場合は，追加のトレーニングが必要になるかもしれません。これは，スーパービジョンの中で，困難な感情をアクション・メソッドを通して取り扱いたいと考えている場合に特に必要となります。役割転換は，クライアントや仕事の関係者がスタッフの強い感情を刺激する場合に有効です。いくつかの役割転換を行うことで，スーパーバイジーは別の人と深い議論をすることができます。明らかに，ここでの議論はスーパーバイジー自身の内的な対話です。相手は実際にはそこにいないし，相手を映し出したり，現実にどのように会話が進むかを想像するものでもないのです。むしろ，スーパーバイジーが相手の視点を体験し，相手に対する自分の行動を理解することを目的としています。

第III部
スーパービジョン関係

　スーパーバイザーの実践は，スーパーバイズする相手（対象）が一人なの
か，職場コミュニティなのか，それとも専門家のグループなのかによって決
定的な影響を受けます。本書の第III部では，スーパービジョンの関係として
最も一般的な4つの形態，すなわち「個人」「コミュニティ」「グループ」，そ
して「管理職のスーパービジョン」について説明します。学習プロセス，リ
フレクション，対話などのスーパービジョンの基礎が，異なった対象にどの
ように適応されるのかを記載しています。また，それぞれのスーパービジョ
ンのプロセスがどのように進められ，第II部で紹介したオリエンテーション
（志向）や手法がどのように使用されるかを紹介します。

第 8 章

個　　　人

　　個人スーパービジョンは，おそらくスーパービジョン関係の中で最も
よく知られた形態です。主に管理職や感情的に負担のかかる仕事をして
いるスタッフに利用されています。また，職業上の変化に挑戦する際の
サポートとしても利用されています。個人スーパービジョンが最も好ま
れるのは，スーパーバイジーの仕事上の役割や組織内の役職で同僚がい
ないような場合です。また，個人スーパービジョンは，仕事における重
大な変更を検討するのにも最適な形式です。この章では，スーパーバイ
ジーとスーパーバイザーの両方の視点から，個人スーパービジョンの特
徴について説明します。

個人スーパービジョンの特徴

　個人スーパービジョンはグループ・スーパービジョンとは多くの点で異なりま
す。そのため，個人スーパービジョンの特徴，それに伴う可能性，課題を認識す
ることが重要です。スーパービジョンの過程で達成できることは，個人スーパー
ビジョンで形成されるスーパーバイジーとスーパーバイザーの関係によって，強
く規定されます。スーパーバイジーが 1 人しかいない場合，セッションでは非常
に異なるテーマを異なるレベルで扱うことができるため，個人スーパービジョン
の全過程をモデル化することは困難です。よって，ここでは個人スーパービジョ
ンにおける学習，リフレクション，対話の役割に焦点を当てていきます。
　個人スーパービジョンの最も重要な特徴は，スーパービジョンの状況を**二者の
関係**として構築することです。このことから，スーパーバイザーとスーパーバイ
ジーの双方が意識すべきことがあります。第 1 に，スーパーバイジーの専門的能

力の成長に関する課題を多様に掘り下げることができ，専門的能力の成長がスーパーバイジーの個人的な成長といかに関連しているかを幅広く検討することができます。これにより，グループ・スーパービジョンでできることに比べて，学んだことがより直接的に定着し，個人生活に関するテーマに対してよりオープンになります。多くの場合，個人スーパービジョンでは，仕事，成長，業務上の交流などに関連する非常に個人的なテーマを扱います。スーパーバイジーは通常，自分の不安や悩みを思い切って自由かつ正直に話し，同僚との困難や仕事上の夢を表現します。

　第2に，個人スーパービジョンでは，スーパーバイザーが自分の性格や作業をスーパーバイジーの個別のニーズに合わせる必要があります。スーパーバイザーとスーパーバイジーの関係は，グループ・スーパービジョンよりも強固なものになることが多いです。つまり，スーパーバイザーは，スーパービジョン関係のバウンダリー（境界線）を明確にし，それを守ることに特に注意を払う必要があります。スーパービジョンでは深い信頼関係が形成され，それが権力の行使，依存，ケアに関連する特徴を明らかにすることがよくあります。そのため，スーパーバイザーは自分の行動や反応の仕方を特に意識する必要があります。スーパーバイザーの仕事はスーパーバイジーの独立したエージェンシーを支え，発展させることです。そのため，スーパーバイザーは，自分自身を優れた権威やスーパーバイジーの問題解決者として設定することはできませんし，してはいけません。また，セラピー的なケアを行うこともできませんし，行ってもいけません。

　対話的関わりは，個人スーパービジョンにとって特に重要な課題です。リフレクションの幅を広げるためのさまざまな異なる視点が，スーパーバイザーとスーパーバイジーの二者間相互作用の中で生み出されなければなりません。スーパーバイザーにとっては，異なる視点や関連する疑問，論点，アイデアに関して自分自身の内的対話を積極的に明確にしなければならないことが多いです。同時に，スーパーバイザーは，スーパーバイジーが自分自身の内的対話をよりよく把握できるようにサポートしなければなりません。そのためには，次のような質問をするとよいでしょう。

・このテーマによって，どのような認識，記憶，思考，感情，想像が浮かびますか？
・他にどのような視点が現在の話題とつながっていますか？

・今話した見方（内容）に対する最も明らかな根拠は何ですか？
・あなたの同僚や顧客，仲間ならどう感じるでしょうか？
・あなたの基本的タスクの視点から見ると，どのような状況に見えるのでしょうか？

例：視点の多様化

　ティムは，大企業のモニタリングサービスを提供する 10 人体制の部署の責任者として働いていました。彼はスーパービジョンによって自分の仕事を体系化し，忙しい仕事のスケジュールをよりよく管理したいと考えていました。ティムは，非常に野心的でありながら，スタッフの幸福と顧客への貢献に純粋な関心を抱いていました。これらの考えを観察するために，スーパーバイザーは，スーパービジョン・セッションに 2 つのエンプティ・チェアを置くことを提案しました。一つはティムのスタッフ，もう一つは彼の部門の顧客を表すものです。スーパービジョンでは，ティムのさまざまな仕事の状況やスタッフの仕事を発展させるための計画について話し合う際，スーパーバイザーは定期的にティムにスタッフと顧客の椅子に移動して，彼らの視点から自分の行動を見るように求めました。

　個人スーパービジョンの過程では，スーパーバイザーはスーパーバイジーとの相互関係についてオープンに話し合うべきです。またスーパービジョンがスーパーバイジーの個人的なニーズを十分に満たしているかどうか，またスーパービジョンがスーパーバイジーの独立したエージェンシーをどのように支えているかについて，定期的に話し合う必要があります。このようにオープンにすることで，個人スーパービジョンの行き詰まりの多くを回避することができます。同時にスーパーバイジーに対して対話的な協働作業の一例を示すこととなります。成功すれば，スーパーバイジーはこの対話的行動のモデルを学ぶことができ，それを自分の仕事において，上司，職場のコミュニティ，仲間との間で使うことができます。

開始段階

　スーパービジョンを始める前，すなわち交渉の出発点や調査セッションにおいて，スーパーバイジーがなぜ個人スーパービジョンを特に望んでいるのか，また

スーパービジョンに何を求めているのかを明確にする必要があります。個人スーパービジョンは緊急の問題や危機状態のために求められることが多いです。スーパーバイジーは仕事に疲れ切っていたり，仕事で行き詰まっていたりします。上司がスーパービジョンに行くように勧めたり，指示したりすることさえもあります。スーパーバイザーは，スーパービジョンを始める動機を十分に明確にし，スーパーバイジーと直接そのことについて話し合い，必要であればスーパービジョンの購入者とも話し合うことが重要です。

　個人スーパービジョンは2人で行うため，始める際には試行期間を設けるのがよいでしょう。これにより，スーパーバイザーとスーパーバイジーの背景が適切な組み合わせかどうか，スーパービジョンがスーパーバイジーのニーズに応えられるかどうかを，ゆっくり検討することができます。スーパーバイザーは，スーパーバイジーの仕事に純粋な興味を持ち，必要に応じて仕事の内容についてより多くの情報を集め，理解を深めなければなりません。また，スーパーバイジーは，スーパーバイザーの専門性に十分な信頼を寄せていなければなりません。

　専門性を発展させることは自分自身の不完全さを露呈することがあるため，時として辛いものです。そのため，スーパーバイジーは，自分の困難を安心して打ち明けることができるスーパーバイザーを選ぶべきです。

　協力関係の要件が満たされているかどうかは，最初の数回のセッションでだいたい明らかになります。試行期間中にスーパーバイザーやスーパーバイジーがいくつかの問題点に気付いた場合，どちらもスーパービジョンの継続を決めつけることなく，その問題点についてオープンに話し合うことができます。

　スーパービジョンを開始する際には，購入者との共同作業の仕方について話し合いが必要です。スーパーバイザー，スーパーバイジー，スーパーバイジーの管理職あるいは購入者を代表する別の人物など，すべての関係者が参加するミーティングを手配することが効果的です。このミーティングでは，スーパーバイジーは，スーパービジョンで話し合ったテーマとその成果を管理職に伝えることができます。これにより守秘義務の問題を回避することができます。また，組織内の他の業務や構造とスーパービジョンの関連性を一緒に検討することができます。この作業の目的は，組織の目標に沿ったスーパービジョンの到達点（ゴール）について全員が十分に同じ認識をもつことです。

122　　第Ⅲ部　スーパービジョン関係

スーパーバイザーのツールボックス8：
未来を想像する

　未来を想像することは，スーパーバイジーの仕事の展開の概要を示す一つの方法です。これは，スーパーバイジーが，目指すべき状況を定義し，それを達成するための手法を模索するのに役立ちます。未来を検証することは，現在の行動に対する洞察を与え，望ましいゴールに到達するための最良で実現可能な選択肢を見出すのに役立ちます。

　未来を想像することは，スーパービジョンの目的を明確にするためにも用いることができます。スーパーバイジーは，このプロセスがスーパーバイジーにとって有益で自分の仕事や専門的な学習をサポートしたことを想像しながら，プロセスの終わりについて考えるようにと言われます。この後，スーパーバイジーは説明した状況を実現するために，スーパービジョンで何を話し合うべきかを考えます。

　スーパーバイザーは，スーパーバイジーに想像の中で時間を進めて物事がポジティブに進展している状況になるように尋ねます。スーパーバイザーは，次のような質問をして，その状況を説明するようスーパーバイジーに求めることができます。

・未来はどのような状況ですか？
・その変化は，あなたの仕事において，同僚やクライアントに対して，具体的にどのように表れていますか？

　説明の後，現在と未来の間の出来事や行動について次のような質問をしながら議論することができます。

・どのような段階や出来事があって，今の状況に至ったのですか？
・具体的にどのような成果があったのでしょうか？
・誰が，何が，あなたを助けてくれましたか？
・途中，どのような困難に直面し，それをどのように乗り越えましたか？

　その後，議論を現在に引き戻し，未来のイメージが現在の行動にどのような影響を及ぼすべきかを考えることが有効です。

第8章 個　人

プロセスの進展

　第6章で述べたスーパービジョンのすべてのアプローチ——テーマ志向，ケース志向，プロセス志向——は，個人スーパービジョンにも適しています。スーパービジョンは個別に形作られるので，セッションごとにおいてさえもアプローチを柔軟に変更することができます。すべてのアプローチがスーパーバイジー自身の課題を扱いながらも，同時に購入者である組織の基本的タスクと目的に沿っていることを，スーパーバイザーが確認する必要があります。これにより，個人スーパービジョンにおいて仕事に関連した課題にしっかりと取り組む一方で，スーパーバイジーの個人的な考えの扱いに多くのスペースを残すことができます。

　典型的な個人スーパービジョンのテーマとしては，個人の職業上の課題と目的，幸せと意欲，困難な仕事に対する行動力，仕事における役割とその役割をスーパーバイジー個人に合わせて形成することなどがあります。多くの場合，スーパービジョンのプロセスには以下のような個人的な振り返りも含まれます。自分は何者なのか，自分の人生に何を求めているのか，人生で何が重要なのか。このようなテーマのスーパービジョンでも，職場との関連性を持たせる必要があります。スーパーバイザーは，スーパーバイジーが個人的で深遠な課題がどのように仕事に影響するのか，また逆に仕事が個人的な問題にどのように影響するのかを考える手助けができます。

　個人スーパービジョンにおいては，セッション中にスーパーバイジーが内面的な考えや感情から移行して状況全体を外から観察するようになったり，逆に外の状況から内なる経験へと移行したりするのが典型的です。スーパービジョンの持つ親密で信頼できる環境は，多くのスーパーバイジーが自分自身を深く見つめ直し，自分の考えや感情，仕事の状況を分析することを後押しします。強い感情や混乱した考えを呼び起こす状況からは距離を置く必要がしばしばあります。スーパーバイザーは，スーパーバイジーが自分自身の状況をより明瞭に見ることができ，次の行動へのさまざまな選択肢を評価できるように，鏡のような役割を果たすように努めます。しかし，ときにはスーパーバイジーには仕事上の困難で苦痛を伴う課題でさえ取り組むように後押しすべきです。

例：距離を置く

　席に着くなり，リタは「今日はひどい一日だった」と言いました。彼女のスタッフの一人が，もうすぐ始まる夏休みの話を聞いて怒り出したのです。リタはそのスタッフの休暇の週を，彼が希望していたのとは違う時期に移動させなければならなかったのです。そのスタッフはリタのオフィスに乗り込み，リタがスタッフを尊重しない無能な管理職だと非難しました。リタはその長い暴言の間黙っていましたが，後にその状況に対してかなり曖昧な謝罪をしていました。スーパービジョン・セッションに来たとき，彼女は傷ついたと感じ，そのスタッフに対してだけではなく，職業人として不適切な行為に介入できなかった自分自身にも腹を立てていました。彼女はスタッフの怒りに直面したとき「固まってしまった」とスーパーバイザーに話しました。

　スーパーバイザーはリタの話を聞き，この状況で何が一番困難に感じたかを尋ねました。リタは，次にそのスタッフに出会ったときに自分の怒りを抑えることができないのではないかと恐れていることを認めました。スーパーバイザーは，リタがこの状況を離れたところから観察することが有益であろうと推測し，リタにこの怒りの爆発に至るまでの一連の出来事を段階的に紙に図示するよう求めました。リタの図に対して，スーパーバイザーはリタの認識，思考，感情が明らかになるような質問をしました。描いているうちにリタ自身の感情が落ち着き，状況をより詳細に分析できるようになったのです。彼女は，少し前にこの人物が離婚の申し立てについて報告していたことを思い出しました。同時にリタは，毎週行われる部署の会議で，休日をどのように決定するかを明確にすることを忘れていたことに気づきました。このようなことに気づくと，そのスタッフと次に出会う状況に対して新たな光が投げかけられました。リタは，翌日このスタッフと状況を整理することにしました。

　スーパービジョンのプロセスが進むにつれ，スーパーバイザーはスーパーバイジーのどのような小さな成長や変化についてでもフィードバックすることが重要です。それができるのはスーパーバイザー以外にいないからです。グループ・スーパービジョンでは，スーパーバイジーがお互いに誰かの行動や考えをどのように受け取ったかを自然に伝え合うことがよくあります。お互いに励まし合ったり，

慰め合ったり，相手の進歩を指摘したりすることができます。スーパーバイザーは，グループメンバーがさまざまな種類のフィードバックを受け取ったり与えたりする場面を積極的に演出することもできます。このような側面は，個人スーパービジョンにはありません。

　人は自分の進歩には気づきにくいものです。だからこそ，スーパーバイザーはスーパーバイジーの思考や行動の変化に気づいたときには遠慮してはいけないのです。スーパーバイザーはスーパーバイジーが自ら変化に気づくことを手助けすることはもちろん重要ですが，それを直接伝えることも必要です。ただし，スーパーバイザーは気づいた変化を評価するのではなく，スーパーバイジーが自分の学びをどのように解釈しているのかを聞くようにしなければいけません。

スーパービジョンの終結

　個人スーパービジョンが終結すると，２人の間の意味のある関係も終わります。コミュニティ・スーパービジョンでは終結後もスーパーバイジーがみんな同じコミュニティで働き続けます。グループ・スーパービジョンでは，新しく，有意義な同僚関係が形成され，スーパービジョンが終わった後も継続されます。しかし個人スーパービジョンを終えたスーパーバイジーは，スーパービジョンの経験を共有した人が誰もいない状態で，一人で自分の職場コミュニティに戻ります。

　スーパービジョンの人間関係がスーパーバイジーにとって個人的に意味のあるものになっている場合，その関係を終わらせることにより，他の人間関係とその結末に関連づいた経験や感情が呼び起こされます。終結の準備のために十分な時間を確保し，早い段階で話し合っておくべきです。スーパーバイザーがスーパーバイジー個人，あるいはその人の仕事や学習に対して純粋な関心を持っていた場合，プロセスの終了は手放す瞬間でもあります。個人スーパービジョンを有意義に終結するには，スーパーバイザー自身が事前に関係の終了について自ら考え，スーパーバイジーにとってそれが何を意味するのかを聞き，理解しようとすることが特に重要です。

　個人スーパービジョンが終結したら，スーパービジョンのプロセスを振り返り，最初に設定した目標と比較します。つまり，目標がどのように達成されたか，場合によってはどのように変化したかを検討します。スーパーバイジーが自分の仕事をどのように継続して振り返り，そこからどのように学ぶことができるかを考

えるのを助けることは有益です。最後に，新たなスーパービジョンがスーパーバイジーの学習にどのように役立つか，また，いつ行うのが適切なのかを話し合うことができます。

例：長いスーパービジョン関係を終わらせる

テスは同じスーパーバイザーに5年間スーパービジョンを受けていました。そのプロセスで，彼女は組織内での立場が3回変わり，スーパーバイザーと一緒にそれに関連する課題と感情をとりあつかいました。スーパービジョン関係は非常に親密になっていました。テスは，スーパーバイザーから多くのサポートを受け，また専門家としての成長のためのリソースも獲得したと感じていました。しかし，彼女はスーパーバイザーと検討した結果，別の人の方が客観的にテスの仕事を見て新しい視点をもたらす可能性があることから，この時点でスーパーバイザーを変更するのが賢明であるという結論に達しました。

スーパービジョンの終結は半年前に決定されていたため，テスにはスーパービジョンから何を得たのか，そして今後どのようなスーパービジョンを望んでいるのかを考える時間がありました。最後のセッションでは，スーパーバイザーはテスに5年間にわたって話された多くのトピックのコラージュを作成するように依頼し，2人で一つひとつテーマを取り上げました。その際，彼らはそのテーマの状況について何が重要であったか，そしてテスがそれから学んだと感じたことについて話し合いました。

第 9 章

コミュニティ

　コミュニティ・スーパービジョンの対象は，組織内で何らかの機能を共有する職場のコミュニティ全体または一部です。コミュニティ・スーパービジョンの目標は，職場のコミュニティが基本的タスクを実行し，スタッフが相互に協力できるように支援することです。コミュニティ・スーパービジョンにより，組織の目的を明確にし，仕事をサポートする体制を作り，業務上の交流を促進することができます。関連して，リーダーシップについても，職場のコミュニティのさまざまなメンバーの相互協力という形で検討されます。

コミュニティ・ダイナミクスの効果

　ここで私たちが解説するコミュニティ・スーパービジョンのアプローチは，多くの点で職場コミュニティを開発するプロジェクトに近いものです。職場コミュニティ開発プロジェクトとの決定的な違いは，「仕事のなかで学ぶ」というスーパービジョンの基本原則から生じる広く緩やかな目標があることです。また，コミュニティ・スーパービジョンは，他の職場コミュニティ開発プロジェクトよりもコンパクトで継続的なものです。これは，スーパービジョンが職場コミュニティ自体のニーズや要望によって大きく進展することを意味します。

　コミュニティ・スーパービジョンが他のグループ・スーパービジョンと大きく異なるのは，スーパーバイジーたちがスーパービジョンの外でも一つの集団として働くという点です。これは**職場コミュニティの内部力動（ダイナミクス）**が常にスーパービジョンのプロセスでも存在することを意味します。職場コミュニティのネットワーク，サブグループ，役割設定，力関係，緊張感などがスーパービ

128　第Ⅲ部　スーパービジョン関係

ジョンのセッションに影響を与えます。また，職場において現在起きている変化や発展のプロセスは，通常，コミュニティ・スーパービジョンに強く反映されます。私たちの経験によると，これらの問題によりコミュニティのスーパービジョンは非常に困難なものになり，一部は混乱して厄介なものになります。

　コミュニティ・スーパービジョンを行うスーパーバイザーには，職場コミュニティのダイナミクスとコミュニティの発展段階に関する基礎知識が必要です。スーパーバイザーはスーパーバイジーのコミュニティがどのような発展段階にあり，それがスーパービジョンにとってどのような意味を持つのかを評価できなければなりません。さらに，スーパーバイザーは，職場コミュニティで時折発生する強力なグループ現象を認識し，それに応じてスーパービジョン・プロセスを指示する必要があります。この本では，コミュニティ・ダイナミクスの現象について詳しくは論じていません。これについては，コミュニティ・スーパービジョンの専門家が知っておくべき良書が書かれており，そのうちのいくつかは，巻末にある「文献・資料」で紹介しています。

　通常のコミュニティ・スーパービジョンにおいては，コミュニティ・ダイナミクスを検討することに重点をおくべきではありません。その理由は，スーパービジョンの限られた時間内ではコミュニティ・ダイナミクスを安全かつ徹底的に検証することが期待できないからです。そうしなくても，良好な対話的協働関係を築いたスーパービジョンでは，困難な発展段階にある職場コミュニティを助け，集団における強力で有害なグループ現象の影響を減少させることができると考えています。

　しかしながらある種の専門家グループや職場コミュニティにおいては，グループダイナミクスを扱うことが可能であり，またそれが必要な場合さえあります。それは，細心の配慮やサービスを提供する部署においてです。このような職場コミュニティでは，サービス利用者の生活や行動から生じる相互作用と同じことがコミュニティ内で生じることが多いのです。これにより仕事上の専門職による相互協力が妨げられかねないので，このような現象を理解し，取りあつかうほうがいいのです。さらにこのような現象の観点から，このような仕事に従事する人には自分の行動や職場コミュニティの運営を検討する能力も求められます。

　通常の職場コミュニティでは，困難なグループダイナミクスに直接焦点を当てることは，通常有益ではありません。というのも限られた時間内でのスーパービジョンでは状況を明確にするどころかさらに混乱させる可能性があるためです。コ

ミュニティ・ダイナミクスの現象がスーパービジョンやその作業に悪影響を及ぼし過ぎる場合，スーパーバイザーはコミュニティの管理職と話し合うべきですし，場合によってはスーパービジョンの購入者とも話し合うべきです。こうすることによりマネージメントとスーパービジョンがどのように一緒になってコミュニティの発展を好ましい方向に進められるかを関係者全員で検討することができます。

　通常は，スーパーバイザーが気づいたコミュニティのダイナミクスの現象を調査することで良い結果を得られます。スーパーバイザーは，調査内容を考慮しつつ，仕事と効果的なコラボレーションの展開にしっかり焦点を合わせます。

　コミュニティ・ダイナミクスは，たいがいスーパーバイザーには徐々に明らかになってきますが，実際は，最初からスーパービジョンの進展を方向づけています。スーパーバイザーにとっては効果的に仕事を進める上で常に職場コミュニティの内部ダイナミクスとそれがコミュニティ内での学びに与える影響について，何らかの理解を築くことが有益です。同時に，スーパーバイザーはスーパービジョンの最中には職場コミュニティ内の緊張感が最終的に何に起因するのかを包括的かつ詳細には理解できないということを念頭に入れておくことが重要です。なぜならスーパーバイザーはスーパーバイジーに会う頻度が低く，時間も限られる傾向にあるからです。例えば月に1回，3時間程度の面談では，コミュニティ・ダイナミクスを包括的に理解することは期待できません。しかし，ある程度の一般的な理解があれば，スーパービジョン・プロセスの計画と実践に役立ち，大きなミスを防ぐことができます。

　コミュニティ・スーパービジョンにおいては，学びと協力関係を支える対話的関わりを発展させることに重点を置くことが重要です。コミュニティ・スーパービジョンを成功させるためには，職場コミュニティにおいてすでにうまく機能している相互作用をできる限り活用することが大切です。スーパーバイザーの任務は，すでに存在しているものを強化し，スーパービジョンの作業を通して職場コミュニティを発展させることです。通常このためには，職場コミュニティの**対話力とリフレクトする能力**を高める必要があります。

　コミュニティ・スーパービジョンにおいてスーパーバイザーは，すべてのメンバーの経験をいかに職場コミュニティが上手に利用できるのか，いかにみんなが職業上のリフレクションを深めることができるのかに注意を払います。スーパーバイザーはコミュニティの対話を向上させるように努め，またスーパーバイジーたちが普段の仕事よりも多様にかつ深く仕事に対して考察するよう鼓舞すること

130　　第Ⅲ部　スーパービジョン関係

に努めます。

例：緊迫した職場コミュニティにおいて対話を生み出す

　ある中小企業内の9人の職場コミュニティが2つに割れていました。4人のスタッフは前年に入社し，残りのスタッフはそこで長年雇用されていたのです。「新」と「旧」のスタッフの間で業務慣行について意見の相違があることを誰もが認識しており，スーパービジョンを通じてこれを解決することを望んでいました。スーパーバイザーは事前調査で緊張感の強さに気づき，対話的関わりを始めるにあたって細心の注意を払うことにしました。

　セッションの冒頭で，スーパーバイザーは各スーパーバイジーに先週の自分の作業状況の1つを思い出すように求めました。次に，スーパーバイジーたちは3人ずつのグループに分けられ，それぞれが新入社員と旧社員の混合メンバーで構成されました。グループの各メンバーは，自分の仕事の状況について5分で話すよう求められました。他の2人はその内容とそれがどのように表現されたかに注意深く耳を傾けなければなりませんでした。話すのが終わると2人の聞き手は5分間，相手の話した内容とそれが彼らにどのような考えを思い起こさせたかを説明しました。アドバイスすること，評価すること，分析することはすべて禁止されました。全員がそれぞれの経験を話し終えると，スーパーバイザーは，自分自身と同僚の仕事の状況の両方の中で，全員の関心が何に向いているかについて各グループで話し合うように求めました。

　小グループでの作業後の共有ディスカッションでは，話すことと聞くことの効果についての各参加者の考えと，各グループの関心の要点を全ての参加者がわかるように集められました。続いてスーパーバイザーはスタッフに対して，互いに作り上げた結果が自分にとってどのように見えるか，そしてそれが仕事や自分自身について何を語っているかについて考えるように求めました。この作業は2，3回のセッションにわたって繰り返されました。ゆっくりとスーパーバイジーたちはお互いにより熱心に耳を傾けることを学び，その結果彼らの不一致を取りあつかい，解決することができました。

　スーパービジョンのプロセスが進むにつれ，スーパーバイザーは職場コミュニティの日常的なダイナミクスとスーパービジョンのプロセスがどのように影響し

第9章　コミュニティ　　131

合い，どのように隣り合わせに発展していくのかを追う必要があります。しかし，職場コミュニティの日常業務とコミュニティ・スーパービジョンは異なる作業であることを忘れてはなりません。職場コミュニティの日常業務の目標は，職場の**基本的タスクを遂行すること**です。コミュニティ・スーパービジョンの目標は，基本的タスクを遂行できるように**職場コミュニティをサポートし発展させること**です。スーパーバイザーは両方の目的を意識する必要がありますが，スーパーバイザーが**責任を負うのは後者だけ**です。またスーパーバイザーはこれらの目的を混同しないようにも注意しなければなりません。

　スーパーバイザーは，コミュニティが仕事のリフレクションへの焦点を維持し，安全な学習環境の構築を保証する必要があります。スーパーバイザーは，自分がコミュニティの外部の人間であり，コミュニティ内のダイナミクスの外側にいるべきであることを忘れてはならず，コミュニティの基本的タスクに関してリーダーの役割を担おうとしてはなりません。例えば，コミュニティの内部決定に参加したり，職場コミュニティの危機を解決する責任を負ったりしてはなりません。

　しかし，スーパービジョン・グループは，常に独自のグループ・プロセスとダイナミクスを持つ独自の存在へとゆっくりと発展していきます。スーパービジョンのセッションにおいてしか現れない要素もあります。私たちは，スーパービジョンの対話的関わりが，職場コミュニティの有害な緊張を和らげることができると信じています。そのためセッションでは，これまで職場コミュニティではありえなかったことが生じることがあります。スーパービジョンが最もうまくいっているときには，コミュニティの日常に直結する課題から離れた環境を提供することにより，コミュニティにとって重要な問題を自由に議論することが可能になります。

個人とコミュニティの間の緊張関係

　コミュニティ・スーパービジョンのもう一つの特徴は，個人の専門性の向上とコミュニティの実践の発展との関係であり，特に両者間に生じる緊張感を考慮する点です。これはスーパーバイザーにとって興味深い課題です。スーパービジョンの焦点が主に職場コミュニティが共有する内容に当てられている場合，スーパーバイジー個人の専門的な能力開発はどのように考慮できるでしょうか。コミュニティ・スーパービジョンだけでは，必ずしも個人の専門的能力開発のニーズを

満たすものではありません。しかし通常はスーパーバイジーがその時に受けているのは，そのコミュニティ・スーパービジョンだけです。そのため，スーパーバイザーは多くの問題点について考えなければなりません。どのように，またどの程度まで，スーパーバイジーの個人のニーズを考慮するべきでしょうか？ スーパービジョンにおいて，別のアプローチを行うことで個人のニーズに対応することができますか？ 共有されたリフレクションから個人が利益を得るにはどのような学習作業が適しているでしょうか？

　個人の目的とコミュニティの目的の間にある緊張感は，実際の業務においては次のような形で表れます。職場コミュニティのメンバー間で議論したいトピックが全く異なるため，スーパービジョンのトピック選びに時間が取られてしまいます。選ばれたトピックを受け入れるのが嫌だと感じながらも，その不満を直接的には表現せず，スーパービジョンの作業に抵抗したり，消極的になったりすることで間接的に不満を表現しているスーパーバイジーもいます。また，個人とコミュニティとの間のこの緊張感は，同じテーマについてスーパーバイジーたちが全く異なる疑問を抱いている状況でも明らかになります。このような状況においては，スーパーバイザーは全員が十分に満足できるような個人間のバランスを職場コミュニティが見つけられるように手助けしなければなりません。

　スーパーバイザーが個人とコミュニティのバランスをとるためには，どのような原則が必要でしょうか？ 私たちの理解と経験によれば，変化，学習，発展は最終的に個人の中で起こるものであり，コミュニティはその成長した個人を通して発展します。つまり，職場コミュニティにおける真の発展は，常に**職場の変化に対する個人のニーズ**から始まるのです。変化の必要性が共に**認識され，共通の目的**に形作られたときに，個人のニーズが職場コミュニティ全体の発展につながります。人は社会的な相互作用を通して学ぶものなので，職場コミュニティに起きる変化はそのコミュニティのメンバー全員を成長させます。個人の専門性は，他の人と一緒に学び，他の人から学ぶことで進展します。

　職場コミュニティの各メンバーが，自分個人の仕事上の成長を職場コミュニティ全体の成長プロセスに結びつけ，主にコミュニティのメンバーとして学んでいると感じることができるのが最善のシナリオです。このように個人とコミュニティの変化の間の往復運動は，コミュニティ・スーパービジョンの中核的な考え方の一つであり，スーパーバイザーはこの観点からコミュニティと個人の両方のニーズを検討する必要があります。また，スーパーバイザーはスーパーバイジーに

第9章　コミュニティ　　133

対して，スーパーバイジーが自分自身の仕事や専門性を高めることに加えて，スーパービジョンにおいて専門的なリフレクションと他者のリフレクションをサポートする方法を学び実践することを強調すべきです。この事実を理解することにより，個人のニーズとコミュニティの目的の間の緊張は通常かなり緩和されます。

　実際には，コミュニティ・スーパービジョンを実践する際に個々のニーズを考慮することができます。セッションを始めるにあたって，全員がそれぞれ自分の経験や疑問について話し，それぞれがどういうことをスーパービジョンに期待するのかを発表してもよいでしょう。ここで発表された内容は，これからの共有作業を進めるに当たってテーマを見つけるための材料になります。さらに，これによってスーパーバイザーは，職場コミュニティ全体と個々のスタッフの要望に関する情報を得ることができます。

例：共有する課題を見つける

　大きな組織の開発チーム4人のメンバーは，スーパービジョン・セッションの開始時にスーパービジョンをどのように活用するかについて異なる希望を持っていました。スーパーバイジーの1人は，この時間を他の組織との連携会議の計画立案に使用することを望んでいました。他の2人は，組織内のチーム間コミュニケーションについて話し合いたいと考えていました。管理職のスーパーバイジーは，組織の管理者同士の協働作業について検討したいと考えていました。スーパーバイザーは，これらの希望をすべての人に見えるように書き留めました。この後，スーパーバイザーは4人のチームメンバーのうちの2人に，異なる希望をひとまとまりにすると，どのように捉えられるか話し合うように依頼しました。残りの2人は彼らの議論に耳を傾けました。その後，スーパーバイザーは耳を傾けていた人たちに，2人の会話がどのような考えを想起したかについて一緒に話すように頼みました。そして，その話を今まで話していた人たちが聞きました。その結果，顧客や組織の外部協力者に対して，自分たちの基本的タスクを明らかにすることになりました。

　スーパーバイザーは，セッションの進行中でも個々の意見が継続的に聞かれるように注意する必要があります。これは大人数のグループにおいては2～3人の小グループに分けることで達成できます。スーパーバイザーは最初の発表で聞か

れた個々人のニーズに立ち戻って，そのニーズが協働作業において十分に答えを得ていることを確認すべきです。

またセッションの最後には，各スーパーバイジーがセッションをどのように感じたかを簡潔に述べる時間を設けたり，スーパービジョンが職場コミュニティ全体と個々のスタッフの両方にとって適切な方向に進んでいるかどうかを評価することもできます。コミュニティ・スーパービジョンにおいては，セッションで話し合われたことを欠席者にどのように知らせるかについても合意しておく必要があります。開かれた対話的関わりは，どのスーパーバイジーにも欠席したセッションにおいて何が話し合われたかを知る権利があるという原則に支えられています。

コミュニティ・スーパービジョンにおけるリーダーシップ

コミュニティ・スーパービジョンの3つ目の特徴は，管理職のセッションへの参加です。スーパーバイザーは，職場コミュニティの日常業務におけるリーダーの存在を常に考慮しなければならず，可能な限り管理職自身がリーダー業務を発展させられるように支援しなければなりません。コミュニティ・スーパービジョンを成功させるためには，スーパーバイザーと管理職がそれぞれの役割と仕事の配分を明確にしておく必要があります。管理職の存在により，スーパーバイザーの仕事にいくつかの課題が生じますが，「今ここ」の状況における職場コミュニティ全体の協力関係を発展させる機会にもなります。

スーパーバイザーはスーパービジョン開始前に，スーパービジョンのプロセスとセッションにおける自分の役割を管理職と決めておくべきです。最も重要なことは，相互のコミュニケーションについて合意することです。特に，スーパーバイザーから管理職へのサポートの仕方やセッション内でワークをどのように割り振るかについての合意が重要です。不必要な混乱を避けるために，スーパービジョンにおけるスーパーバイザーと管理職の役割についても職場コミュニティ全体で明確にしておく必要があります。さらに，スーパーバイザーは管理職が自分のリーダーシップ業務においてコミュニティ・スーパービジョンからどのような利益を受けられるかを管理職と話し合うべきです。このようにして，管理職はセッションにおける安全で守秘義務が守られる雰囲気を利用して自分の職場コミュニティの状況について多くの重要な情報を得ることができ，雇用者との良好な協力関係を築くことができます。

第9章 コミュニティ 135

スーパービジョンにおける役割の実践的な遂行は，単純に言えば，セッションの期間中にスーパーバイザーが状況対応型リーダーシップをとり，職場コミュニティの外部から共通のリフレクションをリードすることと表現できます。これにより，管理職はコミュニティの日常業務のリーダーとしての役割を維持しながら，スーパービジョン・グループのメンバーの一人としても行動することができます。特にコミュニティのメンバーが，管理職の責任に関連する課題や状況を批判した場合，管理職がコミュニティのスーパービジョン・セッションで適切な役割を見つけることが非常に困難になることがあります。スーパーバイザーは，スーパービジョンは誰もが自分の経験を表現する場であり，このような状況では感情を発散するのが普通であることを管理職にセッション外で別個に伝えることで，このような状況から距離を置くことを助けることができます。セッションでは，管理職は即座に自らの行動を弁護するのではなく，他の参加者による感情的な発言からどのような協力の計画が生まれるかをじっくり待つべきです。

スーパービジョン全体を通して，スーパーバイザーは，職場コミュニティやその管理職に意見を求めたり，セッションで生まれた提案を日常業務でどのように生かすことができるかを尋ねることにより，生じた疑問や提案に立ち返ることができます。このようにスーパーバイザーは，管理職のリーダーシップと職場コミュニティの成長を常にサポートしなければなりません。

コミュニティ・スーパービジョンを始める際には，スーパービジョンと職場コミュニティの公式な意思決定プロセスとの関係を明確にすることが重要です。スーパーバイザーは，仕事に関する振り返りができる場所，仕事に関するアイデアの発想の場所が用意されている時に，スーパービジョンは最もよく機能するということを強調すべきです。しかし，仕事に関する正式な決定は，常に職場内の会議でなされるべきです。これにより，スーパービジョンは（また管理職も），職場の通常業務とはより明確に一線を画することができます。

例：スーパービジョンで得たアイデアを仕事に活かす

保育園の職員は，開始時のセッションに触発されて，勤務シフトの報告をどのように明確化し，統一することができるかを考えることにしました。コミュニティ・マネージャーもこのテーマが重要だと感じました。スーパーバイザーは，スーパーバイジーたちに小グループに分かれ，現在うまく機能していることについて考えたり，改善する必要があると感じた問題をあげたりす

るように求めました。スーパーバイザーは，各小グループの考えをすべての人に見えるように書き留めました。全員での話し合いの後，改善が必要と思われた2つの領域が選択され，それらが小グループで検討されました。それぞれの小グループが職場コミュニティ全体にそれぞれのアイデアを提示し，スーパーバイザーは管理職にそれらがどのように日常業務に取り入れられるかを尋ねました。職場コミュニティ全体と話し合った後に，管理職は今後の行動を決定しました。

　コミュニティ・スーパービジョンは，スーパーバイザーがセッション外でも管理職と折に触れ接触することができるという性質をもっています。どのように協力体制を組むのかについては，スーパービジョンの契約を結ぶ際に合意されるべきであり，職場コミュニティ全体がこの合意の内容について知っていることが重要です。コミュニケーションにはさまざまな形態があり，ときにはスーパーバイザーと管理職が，セッションの間に話し合いをすることさえあります。これは職場コミュニティが重大な変化に直面している場合や，管理職が新たにその職についたばかりの場合には正当化されます[訳注15]。

　職場コミュニティにそのような特別な事情がない場合は，スーパーバイザーと管理職が連絡を取り合うのは例外的なこととされるかもしれません。例外的な状況とは，例えば職場コミュニティが次回のセッションである特定のテーマを議論する必要がある場合などです。また，スーパーバイザーと管理職は，スーパービジョンの購入者の代表者と会って話し合うこともあります。職場コミュニティ全体との守秘義務を守るためには，各自が，こうしたミーティングで何が話し合われるのか，ミーティングの目的は何なのかを認識していることが重要です。

　管理職がどのようにリーダーシップを取っているのか，スタッフとの関係はどうなのかは，通常スーパービジョンを開始してからすぐに明らかになります。ある状況では，リーダーシップに関連した作業がスーパーバイザーにとっては困難になることがあります。これは，通常管理職が自分の役割の責任を担えず，その一部をスーパーバイザーに転嫁しようとする場合であり，このような時はスーパーバイザーはできるだけ早くこのことについて管理職と話し合うべきでしょう。

訳注15）本来，「スーパーバイザーと管理職の人はセッション以外では会わないことが原則」という前提があります。

第9章　コミュニティ　　137

ときには，管理職がコミュニティ・スーパービジョンを自分の個人的なスーパービジョンとして利用しようとしたり，スーパービジョンで話し合われた内容を自分のニーズに合わせて決めつけようとすることがあります。こうした場合も，誤ったアプローチを防ぐためにできるだけ早く管理職と話し合うべきです。このような状況ではスーパーバイザーは，管理職が自分の仕事を発展させるためにスーパービジョンをどのように建設的に活用できるのか，また自分のリーダーシップ業務のための個人スーパービジョンが必要かどうかを管理職と話し合うべきです。

　ときにはコミュニティと管理職の高い緊張関係のためにスーパービジョンが困難になったり，不可能になったりすることもあります。このような場合には管理職と話し合うべきであり，多くの場合，管理職の上司とも話し合うべきです。職場コミュニティ内の対立があまりにも強い場合は，スーパービジョンでは解決できません。このような場合はスーパービジョンを中断し，集中的な危機管理スーパービジョンや産業保健サービスなど，他の方法で職場コミュニティがこの加熱した状況を解決するように提案するのが賢明でしょう。別の選択肢としては，危機解決のプロセスと並行してスーパービジョンを継続しますが，セッションの**外**で危機状況にしっかり取り組む必要があります。

コミュニティ・スーパービジョンの各ステージ

　コミュニティ・スーパービジョンの**事前調査**において，スーパーバイザーはスーパービジョンの目的の明確化と，職場コミュニティの現在の状況確認をします。「目的の明確化」と「状況確認」は，スーパービジョンの購入者とスーパーバイジーの両方に聞かなければなりません。これらに対する認識が両者で時に大きく異なることがあります。スーパービジョンをうまく開始し，進めるためには，スーパービジョンの目的について十分に共通の見解を持つ必要があります。コミュニティ・スーパービジョンは，スーパーバイザー，スーパービジョンの購入者，スーパーバイジーらのコミュニティのそれぞれが，スーパービジョンの目標とそれを実際にどのように実行するかについて共通の理解を得たときに開始できます。

　スーパーバイジーの所属する組織の規模によって**購入者との協力**の仕方が異なってきます。コミュニティ・スーパービジョンの最初の段階においてスーパーバイザーはスーパービジョンの購入者が誰であるかはっきりさせる必要があります。もしそれがスーパービジョンに参加している管理職であれば，スーパービジョン

138　　第Ⅲ部　スーパービジョン関係

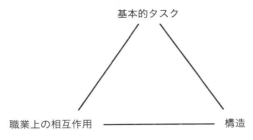

図4　コミュニティ・スーパービジョンのための三角モデル

の進行具合に関するスーパーバイザーと管理職の話し合いの方法と頻度について，合意するのは容易でしょう。もしそれがその組織のもっと上位の者であれば，別に購入者との協力関係についての話し合いの機会を設けるべきです。いずれの場合においても購入者との協力関係においては，スーパーバイジーたちの許可を得たスーパービジョンの内容だけを取り扱うことが重要です。

　スーパービジョンを開始する際，スーパーバイザーはどのような職場コミュニティを相手にしているのかについて十分な情報を持っている必要があります。職場コミュニティの業務がスーパーバイザーにとって未知のものである場合は，事前調査のさらに前の段階で基本的な情報を得て，調査セッション中にさらに情報を得るべきです。スーパーバイザーがスーパーバイジーの日々の現場や業務に精通している場合は，最初のセッションにおいて，より詳細な情報の収集に時間を充てることができます。

　次にコミュニティ・スーパービジョンのために作成された三角モデル（図4）を紹介します。このモデルは，スーパービジョンの最初の段階では基本的な情報を収集することに使えますし，スーパービジョンが進んだ段階においてはスーパーバイジーたちの作業や協働作業を深めるためにも使えます。このモデルは，職場コミュニティの**基本的タスク**（basic task），**構造**，**職業上の相互作用**（professional interaction）の関係を理解するのに役立ちます。このモデルは，職場コミュニティの仕事の最も重要な領域を簡単に構造化し，それらの相互のつながりと効果を検討することができます。

　事前調査において三角モデルは，スーパーバイザーとスーパーバイジーが職場コミュニティの**状況**とその**成長のために必要なもの**について共通の理解を得るのに役立ちます。また，このモデルは，スーパービジョンの最も重要な**目的**（ゴー

ル）と**アプローチ**を形成するのにも役立ちます。こうした事前調査により，スーパーバイザーは職場コミュニティにおいて起こりうる問題の性質をよりよく理解することができます。

この三角モデルに基づくと，事前調査はまず職場コミュニティの**基本的タスク**を見つけることから始まります。実際にはスーパーバイザーがスーパーバイジーに，スタッフとしての自分は何者なのか，職場での自分のアイデンティティをどのように捉えているのかを自分の言葉で語ってもらいます。これは，職場コミュニティの**基本的タスク**を説明する自然なアプローチです。これを行うには，スーパーバイジーにクライアントが誰であるか，基本的タスクが自分の日常業務にどのような目標をもたらすのか，そして彼らの見解では仕事の最終的な目標は何かを挙げてもらいます。この検討はスーパーバイジーが日常業務に関連する他の専門家グループとどのような関係を持っているのか，また**基本的タスク**を実行する際に他の関係者が関与しているのかどうかを尋ねることによって，さらに広げることができます。

次にコミュニティの仕事の**構造**（structures）についての議論に移ることができます。事前調査段階で，スーパーバイザーはスーパーバイジーにどのような仕事の配分，計画，意思決定，コミュニケーションの構造が職場コミュニティに存在するかを説明してもらいます。また，日常的な疑問を解決したり，問題を処理したり，仕事を発展させたりするために，職場コミュニティの中にはどのような構造が存在するかを尋ねることも有益です。

また，職場コミュニティの**リーダーシップ**構造や権力の行使の形態を確認することも重要です。スーパーバイザーはスーパーバイジーの職場コミュニティにどのようなリーダーが存在し，どのような方法で権力を行使したり，権力を得たりしているかを尋ねる必要があります。リーダーシップ構造を調査する際，スーパーバイザーは配慮しつつも率直であるべきです。職場コミュニティの管理職もスーパービジョンに参加している場合は，まず管理職がリーダーシップの構造をどのように見ているかを説明してもらい，以下の質問に答えてもらいます。

- 管理職はどのような責任を負い，どのような力を発揮することが期待されるのでしょうか？
- 他のリーダーには，どのような権限と責任があるのでしょうか？
- 部下の責任に関してはどのような課題があるのでしょうか？

その後，職場の他のメンバーに職場でのリーダーシップをどのように認識しているか，コミュニティ内での自分の責任と力の使い方をどのように考えているか，リーダーシップをサポートするための自分の役割をどのように理解しているかを説明してもらいます。

　次に，スーパーバイジーたちに，コミュニティの**相互作用**がどのように実践されているかについて説明してもらい，さらに彼らが職場の相互作用がどれほど**業務的に機能している**かを説明してもらいます。まずどのような会議があり，そこでどのような課題が議論されているのかを聞きます。続けて会議のやり方，会議での仕事の配分，これらのうち何が明確で何が不明瞭なのかを説明してもらいます。また，職場内の情報の流れ，その「ボトルネック」（全体に影響するレベルの問題要因で最も問題視される箇所。ビジネスシーンでは「制約条件」と言われることがあります）や機能性について議論するのも良いでしょう。

　コミュニケーションにおいて言語的または非言語的な合意やルールがあるかどうかについて，スーパーバイジーたちに考えるように促すこともできます。これは，コミュニケーションを支える構造が機能しているとスーパーバイジーたちが感じているかどうかや課題が適切な文脈で議論されているかを検討することで，さらに深められます。また彼らの特定の職種や職場コミュニティにおける特有なコミュニケーションにどのようなものが伴うかを立ち止まって考えることも有用です。

　三角モデルを用いた事前調査を済ませれば，スーパーバイザーはスーパービジョンをどのようなテーマで始めればいいのか，よりよく把握できます。スーパーバイジーは職場コミュニティの課題が特にコミュニケーションに関連していると感じることがあります。しかし，三角モデルを用いた事前調査を行うことで，問題は基本的タスクや構造の不明確さにあり，それがコミュニケーションの問題となって現れていることが理解できるかもしれません。

　三角形の３つの頂点の関係性（図５）を考えることで，職場コミュニティを発展させることができます。三角形に記述された領域は一つのまとまった実体を形成しており，そこで基本的タスクにより，組織がどのような構造を維持すべきかを定義します。この構造は，職場での業務上のコミュニケーションのための基盤となり，逆に基本的タスクを明確にし，発展させるのに役立ちます。これが成功すると職場コミュニティの行動は，はっきりとした自己発展的な実体を形成し，意義のある仕事や評価の高いリーダーシップが円滑に機能します。

　スーパーバイザーがスーパーバイジーの職場コミュニティの発展のためのニー

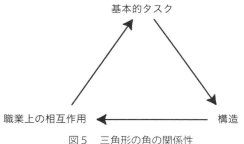

図5　三角形の角の関係性

ズを十分に理解していれば，スーパービジョンのアプローチをより正確に定義することができます。第6章で紹介したすべてのオリエンテーション（志向）が，コミュニティ・スーパービジョンにも適用できます。

　三角モデルを用いて基本的な情報を徹底的に収集することで，将来的なスーパービジョン・セッションで取り上げることができるさまざまなトピックがすでに抽出されていることになります。そのため，コミュニティ・スーパービジョンでは，抽出されたさまざまなテーマを三角形の異なる領域から選択して取り組むことができます。これらのテーマは，以下を伴うかもしれません。基本的タスクにおける，より正確な目的の分析，機能していない構造の改善，仕事をサポートする全く新しい構造の考案，または職業上の相互作用の促進等々。別々のテーマにおいては，スーパーバイザーは基本的タスク，構造，職業上の相互作用が手を取り合い，仕事を発展させるための一つの実体を形成していることを強調すべきです。

　コミュニティは，**プロセス志向の方法**で方向づけることもできます。これは，スーパービジョンを継続的に受けるコミュニティでの典型的な解決法です。プロセス志向のコミュニティ・スーパービジョンでは，基本的にあらかじめ決められたテーマはありません。代わりに各セッションの最初に時間を取って，より詳しく分析する必要のあるテーマをコミュニティの毎日の仕事から見つけます。例えば，困難な仕事や顧客の状況や，より長期的な開発目的などのテーマを含むこともあります。このアプローチでも，三角モデルは役に立ちます。プロセス志向のスーパービジョンで出てきたテーマを三角形のさまざまな領域に結びつけることで，作業を多様化することができます。

　ケース志向のワークもコミュニティ・スーパービジョンに適していますが，より安全で元気づけるような雰囲気が必要です。というのもケース自体がスーパーバ

イジーのそれぞれの仕事ぶりやその強みや弱さを露呈するからです。ケース志向のワークは，みんなが同じような仕事や共通のクライアントを持つコミュニティに特に適しています。また個々の仕事やクライアントのケースを扱うことで，仕事のコミュニティ全体の基本的タスク，構造，および職業的なコミュニケーションの検討にまで議論を拡大することができます。

　コミュニティ・スーパービジョンの終了過程は，主に第5章で説明したスーパービジョンのプロセスの終了の一般的な流れに沿っています。終結点は事前に決められているか，終結の可能性と必要性が見え始めたときに個別に議論されます。コミュニティ・スーパービジョンで特に考慮すべきこととして，長期的なプロセスの中でスーパーバイザーが必然的にコミュニティの内部の緊張関係の一部となり，それがコミュニティの発展を阻害し始める可能性があるという事実が挙げられます。これは多くの場合，スーパーバイザーが最初に気づき，把握します。このようなことが起こった場合にはスーパーバイジーと話し合い，スーパーバイザーを変更する時期かどうかを検討する必要があります。またスーパービジョンの終了は，スーパーバイザーとスーパービジョンを受けた職場コミュニティとの間のプロセスが終了することを意味しますが，スーパーバイジーの相互的な協働作業は終わりではないことをスーパーバイザーは理解する必要があります。職場コミュニティはそのスーパーバイザーなしで作業を続けるか，もしくは別のスーパーバイザーと作業を続けることになり，スーパービジョンの終結はそのスーパーバイザーとスーパーバイジーの間のスーパービジョン関係にのみ影響を与えることになります。

　スーパービジョンのプロセスの最後には，スーパービジョンが職場コミュニティの発展にどのように役立ったかを評価することが重要です。三角モデルは，この評価のためのツールとしても使用でき，スーパービジョンのプロセスで三角形のさまざまな領域に何が起こったかを検証することができます。同時にスーパーバイジーは，スーパービジョンの出発点を思い出し，何が変わったのかと思いを馳せることができます。さらにスーパービジョンによってコミュニティの日常業務や協働作業に新しいものが導入されたのか，スーパービジョンがコミュニティの対話的関わりやリフレクションをどのように発展させたのかを考えることができます。スーパービジョンは，参加者全員にとって学びの可能性を高めるプロセスだったでしょうか，と。

スーパーバイザーのツールボックス9：

誰かの背後で話す

　スーパーバイジーを数人ずつの小さなサブグループに分けます。サブグループは，それぞれで互いに向き合い，密な円をつくります。グループメンバーの1人を選び，他のメンバーに背を向けるように自分の椅子を反対向きにします。その人の役割は単に聞くことです。グループの他のメンバーは，この人について「背後で」話し合います。

　これがコミュニティ・スーパービジョンで行われる場合，話し合いのトピックは例えば「この人を専門家として，あるいは私たちの仕事のコミュニティのメンバーとして尊重する理由は何ですか？」としてもいいでしょう。グループ・スーパービジョンではトピックは次のようにしてもいいでしょう。「スーパービジョンのプロセスの中で，この人が自身の仕事でどのように成長していると見ていますか？」

　スーパーバイザーは，参加者にディスカッションの方向性を示すことができます。話し合いの時間は短く，約2〜3分にする必要があります。また，同僚について話すことをどのように感じられたか，そして話されることがどのように感じられたかについて，一緒に話し合う時間を残すことも良い考えです。ポジティブフィードバックすることの意味や，仕事上あるいは職場コミュニティー一般においてフィードバックを与えることと受けることなどについて話し合いを継続できるでしょう。

144　第Ⅲ部　スーパービジョン関係

第 10 章
グループ

　　グループ・スーパービジョンでは，スーパーバイジーは異なる職場コ
ミュニティの人々によって構成されます。この形式のスーパービジョン
は，特定の分野のスタッフまたは管理職のためにしばしば行われます。
大規模な組織では，異なる部門のスタッフで構成されたグループ・ス
ーパービジョンを行う場合があります。このスーパービジョンの特徴は職
場コミュニティであるグループを扱うのではなく，代わりに各スーパー
バイジーの専門性の能力開発と各スーパーバイジーが仲間から学ぶこと
に焦点をあてていることです。

グループの形成

　グループ・スーパービジョンは，個人スーパービジョンとコミュニティ・スー
パービジョンの間という興味深い位置にあります。ここでのスーパーバイザーの
仕事は，グループ内で個人を導くのではなく，むしろリフレクティブな学習と対
話を促進するために可能な限り**グループ**を活用しようとすることです。グループ・
スーパービジョンがコミュニティ・スーパービジョンと異なるのは，日常の職場
コミュニティの関係性やその相互作用の影響を受けないという点です。そのため，
グループは日常業務の緊張感から解放された学習環境を形成する可能性を秘めて
おり，スーパービジョンを受ける人は不安なく大胆に課題を処理できます。
　グループ・スーパービジョンのグループはさまざまな方法で形作ることができ
ます。特定の組織によって形成されたり，グループメンバー自身によって形成さ
れたり，あるいはスーパーバイザーによって形成されたりします。すべての場合
において良好なグループ・スーパービジョンの成功を保証する要因を考慮してお

く必要があります。したがって，グループを編成する際には計画の早い段階から常にスーパーバイザーを含めておくべきです。

　グループ・スーパービジョンでは，可能な限り支援的で安全かつ自由な学習環境を提供するため，各グループには特に近い関係の同僚を入れないようにします。特に管理職やグループ内に上司と部下の関係があるとスーパービジョンの作業を悪化させ，スーパービジョンの初期の進行を複雑化させる場合もあります。さらに，スーパーバイジーはお互いが経験することに純粋に興味を持ち，お互いから学ぶことができるように，非常に似通った業務タスクを持っている必要があります。

　グループを編成する際には，それぞれのスーパーバイジーの専門性の能力レベルを考慮する必要があります。同じグループの中に専門職としてのキャリアをスタートしたばかりのスーパーバイジーと，かなりの経験を積んだスーパーバイジーがいると，スーパービジョンにおける課題が大幅に増えます。このようなグループは必ずしも悪いものではなく，初心者とベテランがお互いから多くのことを学べる場合もあります。とはいえ，経験のレベルが非常に異なるメンバーで構成されている場合は，きわめて最初の段階でスーパーバイジーたちの経験レベルの違いを確認し，どうやったら全員にとって適切な方法でスーパービジョンを構築できるか，全員で決めておく必要があります。

　グループを組織する段階において，スーパーバイザーは，スーパービジョンに関する**購入者の協力**をどのように取り扱うべきかについて合意しておく必要があります。グループのメンバー内で購入者が異なる場合，状況は複雑になります。このような場合，スーパーバイザーはセッションで扱った内容とスーパービジョンで浮き彫りにされた問題点を記したレジュメによって購入者との協力関係を築くことができます。報告書は，まずスーパーバイジーによって承認され，その後すべての購入者に送られます。スーパーバイジーは報告書に基づいて自分の管理職と話すことができ，必要に応じてスーパーバイザーと連絡をとることもできます。グループのメンバーが同じ組織に属している場合は，購入者やグループメンバーの最も近い管理職との共有ミーティングを企画することができます。

　通常，**グループサイズ**はあまり大きくせず，スーパーバイジーはせいぜい５〜６人とします。これは，グループ・スーパービジョンにおいて，スーパーバイジーの異なるニーズに応じて常にバランスを取る必要があるからです。グループが非常に大きい場合は，スーパーバイザーが全員のニーズを取り上げることは困難

146　　第Ⅲ部　スーパービジョン関係

です。全体として，スーパーバイザーにとって，スーパーバイジーの異なるニーズとスキルの間でバランスを取ることは非常に難しいことです。

グループの立ち上げ

これまで紹介してきたように，あらゆるタイプのスーパービジョンの開始時におけるスーパーバイザーの任務が，リフレクティブな学習のプロセスの手ほどきをし，それを助ける対話的関わりをサポートすることです。このことは特にグループ・スーパービジョンにおいては，**安全で励みになるようなグループの状況を作り，共通の学習目標を設定し，グループが共に取り組むべき正しい手法を選択すること**を意味します。

グループ・スーパービジョンは，スーパーバイジーたちの既存の関係性や親しみやすさに基づくものではないので，スーパーバイザーは最初にスーパーバイジーたちがお互いに歩み寄れるようにサポートする必要があります。最初のセッションの目標は，スーパーバイジーたちが**お互いに知り合い**，スーパービジョンの**共通の目標を探し出す**ことです。知り合うには，まずは誰が誰をすでに知っているかを知ることから始めるべきです。もし親しい人間関係のメンバーがいれば，そのスーパーバイジーは，その関係がスーパービジョンにどのような影響を与えると思うかを，グループの他のメンバーに伝えます。その後，グループの他のメンバーは，この関係が自分にとってどのような意味を持つか話すことができます。

既存の人間関係が定まるとスーパーバイジーたちはより親密になっていきます。この方法には多くのアプローチがあり，スーパーバイザーはその場に適したと思われる手法ならどのようなものでも構いません。しかし，スーパービジョンの目標に合った方法でうちとけられるようにすることが重要です。これにより学ぶことや対話をサポートし，提示されるトピックを通じてスーパーバイジーたちがお互いにより強く結び付くような雰囲気がつくられます。実際にこれを実現するには，スーパーバイジーたちに，なぜスーパービジョンに来たのか，現在仕事でどのような問題に直面しているのかをお互いに話してもらうことで達成できます。

例：お互いに知り合い，目的を設定する

ある大きな組織のさまざまな部門の管理職5名によるスーパービジョン・グループが構成されました。管理職たちはお互いをよく知らなかったので，

スーパービジョンの開始時にお互いをよく知ることとスーパービジョンの目標を設定することの2つに時間を費やしました。最初のセッションでスーパーバイザーは各スーパーバイジーに，管理職になるまでの自分のキャリアを示す一本の線を紙に引くように依頼しました。線上には，現在の管理業務に至った彼らの職業生活上において最も重要な段階を記載するよう求められました。スーパーバイザーは次に自分の仕事や専門性において現在どの問題が重要なのかを考えるように促し，各スーパーバイジーはそれを他のスーパーバイジーに提示しました。このようにして，スーパーバイジーはお互いのこととお互いの職歴をより深く知るようになりました。そして，スーパーバイジーたちの質問を通して，スーパービジョンの共通の目標を設定することができました。

　最初にスーパーバイジー全員が関心を持つような**共通のトピックや課題**を見つけるために十分な時間を取るべきです。グループとしてスーパーバイジーは常に自分の目の前のニーズを脇に置き，お互いに譲り合わなければなければなりません。この理由からプロセスの開始時にスーパーバイジーがお互いの仕事の状況にできるだけ多くの関連性を見出し，そこから生じる課題を特定することが重要です。そうすることで誰もが関心を持てるようなトピックが生まれ，継続的な共有学習が可能になります。

　スーパーバイザーは各スーパーバイジーに現在仕事で遭遇している課題を説明してもらうことで，共通のトピックを見つけ，問題点を形成する手伝いができます。こうした情報を集めることにより，スーパーバイジーの個人的な課題にはどのような共通点があるのかを検討することができます。グループ内でトピックを特定し，それぞれのトピックをより深く検討する必要があります。このような作業は人間関係を深め，共通の目標を設定することにつながります。同時にスーパーバイザーはスーパーバイジーの関心のある課題や，その課題とどのような関係を持っているのかについて，貴重な知見を得ることができます。

　収集したトピックに基づいて，スーパービジョンの**目標**の輪郭を描くことができます。スーパーバイザーはスーパーバイジーに，自分の何を成長させたいのか，グループワークと他のグループメンバーの両方から何を期待しているのかを考えるように促します。そして，それによりスーパービジョンの共通の目標が作成されます。この目標は作業を方向づけるものであり，作業の中でより明確にしたり

変更することができます。

　目標を設定した後にスーパービジョンの**オリエンテーション（志向）**について話し合うべきです。スーパーバイザーは，スーパービジョンのさまざまなオリエンテーション（テーマ志向，ケース志向，プロセス志向）について説明します。もしメンバーの多くがスーパービジョンに慣れていなかったり，スーパービジョンの環境をよくするためにもっと時間を要する場合には，テーマ志向のアプローチから始めるのが最も賢明でしょう。これは最初にトピックを集めたときからの自然な流れであり，各スーパーバイジーがトピックの取りあつかいにどの程度参加するのかを選択できるため，平等な参加を可能にします。

　ケース志向のワークを成功させるためには，他のグループメンバーとの強い信頼関係と多くの時間が必要です。アプローチとしては，各個人が与えられた時間を共有し，全員がお互いの課題に関心を持つことが必要です。プロセス志向においては，セッション中に全員に関心のあるトピックを見つけ，それを機能的な作業へ形作っていく強い信頼がグループとスーパーバイザーに求められます。どちらのアプローチもグループ・スーパービジョンには適していますが，スーパービジョンが進んだ後期に使用したほうが成功する可能性が高くなります。

スーパービジョンの進行とさまざまな志向

　グループ・スーパービジョンを担当するスーパーバイザーは，スーパービジョンを進める上での自分の役割を意識しなければなりません。このプロセスは，スーパーバイジーがスーパービジョンの方向性にほぼ全責任を負う個人スーパービジョンとは異なります。また，コミュニティの日常的な仕事とその発展に関してプロセスが進むコミュニティ・スーパービジョンとも異なります。グループ・スーパービジョンにおけるスーパーバイザーの仕事は，対象となっているグループに特化した協働作業を推進することです。

　セッションとセッションの間にスーパーバイジーは日常の仕事に戻るため，次のセッションの開始時に前回のセッションがどのように終わったかを思い出すとは限りません。スーパーバイザーは，話し合ったテーマをスーパーバイジーに思い出させたり，前回のセッションの出来事を説明したりすることで，セッションに連続性を保つことができます。また，各セッションの冒頭で，スーパーバイジー間の相互関係を復活させるための十分な時間を確保すべきです。これを行うに

第 10 章　グループ　　*149*

は，全員が各自の近況を一巡して話し合ったり，またはスーパーバイジーがスーパービジョンのテーマに再び注目するためのペアディスカッションなどの方法があります。

　スーパービジョンのアプローチが**テーマ志向**であれば，次のセッションのテーマは事前に決められます。そのためスーパーバイザーは選ばれたテーマをどのようにグループで取り扱うことができるかを事前に考え，セッションの準備をすることができます。スーパーバイザーは作業方法の概要やテーマに関する議論を始めるための質問や分析法を練ることができます。

　セッションの冒頭で，スーパーバイザーはスーパーバイジー自身のテーマに関連した経験とその経験から生じた課題を想起する手助けをしなければなりません。そのためには，選ばれたテーマを思い起こさせるようなメッセージを事前に送っておくとよいでしょう。セッションはスーパーバイジーが最近の仕事上の出来事がどのようにテーマと関連しているかを話すディスカッションから始めることができます。あるいはスーパーバイジーたちは順番に自分たちの経験とテーマに関する考えを簡単に紹介することもできます。このような開始方法により，スーパーバイザーはスーパーバイジーの考えをリフレクティブ・サイクルに持っていったり，スーパーバイザーがそれぞれのスーパーバイジーの異なるテーマにアプローチするのにはどのような手助けが必要なのかに気づくことができます。

　テーマ志向のグループ・スーパービジョンにおけるスーパーバイザーの仕事は，グループメンバー相互の対話を促し，サポートすることです。スーパーバイザーは，ディスカッションが選択されたテーマに関連していること，そしてその作業によってスーパーバイジーがより幅広く，多様な理解を深められているか確認する必要があります。例えばスーパーバイジーの一人が自分の経験を話した際に，他のメンバーに同じテーマに関する自分の経験を話してもらうことで，そのテーマに関する異なる視点を即座にもたらすことができます。また，これらの経験を以前のセッションでの議論と結びつけることで，スーパーバイジーに物事の関連性に気づいてもらうことができます。ここでの目標は，すべてのスーパーバイジーが自分の経験と関連づけられるように，テーマの一般的な特徴を提示することです。このようなリフレクティブな分析は，起きている現象に対してより広い理解とより深い学習を促進し，スーパーバイジーが学んだことを日常の仕事の場面で多様に活用できるようにします。

150　　第III部　スーパービジョン関係

例：テーマを選択するプロセス

オンコール勤務[訳注16)] を行う専門家のグループにおいて選択されたテーマのひとつは，常に時間に追われることのプレッシャーでした。スーパーバイザーは各スーパーバイジーに自分のすべての仕事のタスクを事前にリストアップし，緊急度に応じてグループ分けするように依頼しました。セッションではスーパーバイジーは最初にペアでリストを調べ，共通点を見つけようとしました。ほとんどの人にとって時間に追われているのは未完成の報告書がたまっていくことから来ているようでした。スーパーバイザーはスーパーバイジーにそれぞれがそのような報告書をどのように処理したかを説明するように求めました。スーパーバイジーの1人は，全ての書類作業を週の1日に行うことで，その日は1つのことに集中できるために，慌ただしさが緩和されると感じました。この例を通じてグループ全体で異なる業務の性質を一般化し，業務を長時間集中を要するものと短時間で処理すべきものに分けることができました。

スーパーバイジー全員が関心を持つテーマが存分に取り上げられ，グループが安全な雰囲気になってきたら，より意欲的なアプローチを試みることができます。グループ・スーパービジョンの最もポピュラーなアプローチのひとつに**ケース志向**があります。これはうまく機能しているグループに非常に適しています。ケース志向のスーパービジョンでは困難な問題であっても，安全で自由で実験的な方法で取りあつかうことができます。というのもグループ・スーパービジョンではコミュニティ・スーパービジョンに比べてメンバー同士の争いや比較，嫉妬が少ないからです。グループ・スーパービジョンが最も機能しているときには，スーパーバイジーは自分の仕事上の困難な問題をグループに持ち込むことができ，励まされるような新鮮で偏見のない視点を得ることができます。

スーパーバイザーは，どのような形でケース志向のスーパービジョンを行うことがグループの学びに最も有効なのかをグループメンバーと明確にしておく必要があります。全員でそのための最良の方法に合意できたら，ケースを取り扱うための明確な構造を確立する必要があります。私たちは，まずケースの発表者がグ

訳注16）援助職などで緊急を要する際，すぐに対応できるように待機する勤務形態のこと。

ループの他のメンバーに注目してもらいたいことや助けが必要だと感じていることを他のメンバーに伝えるという構造が有効であると考えています。これによりスーパーバイザーは，スーパーバイジーがリフレクティブ・サイクルのどの段階にいるかを明確に把握することができます。この後，ケースを丁寧に見ていきます。スーパーバイジーは，例えば，自分の言葉でケースを説明したり，ケースについて読み上げたり，録音を再生したりすることができますし，またアクション・メソッドでケースに取り組むこともできます。

　ケースの発表の後，他のスーパーバイジーによるディスカッションが行われ，その間ケースの発表者は黙っています。このディスカッションでは他のスーパーバイジーは，ケースからどのような考えが浮かんだのかを一緒に声に出して考えます。スーパーバイザーの仕事はスーパーバイジーたちが発表者の希望するテーマの範囲内で，発表者が提示した問題や質問に関連を保ちながら，ディスカッションを続けられるように手助けすることです。議論の後，ケースの発表者は，他のグループのメンバーの考えを聞くことで自分の中でどのような考えが生じたのかを発表します。最後に共有の議論の後，グループは状況に合ったさまざまな行動のアイデアをまとめます。

例：グループでのケースワーク

　ローラは管理職で構成されたグループに取り扱いたいケースを持ち込みました。彼女は仕事を怠けていた1人のスタッフに正式な警告を与えなければならず，その状況とその背景について簡単な説明を書いてきました。彼女は，そのスタッフが非常に重く警告を受け止め，直後に病気休暇をとってしまったので，今後そのスタッフとどのように接するべきかについて助けを求めていました。他のスーパーバイジーはそのケースの説明を読み，ローラが希望した視点から話し合いを始めました。彼らは自分たちの部下との間で経験した困難な状況について話し合い始め，どのような介入をすべきだったかについて考えました。しかしスーパーバイザーは，ローラが要望しているトピック，つまり警告を発した後にどのような行動を取ったらいいのかに焦点を当てるように彼らに求めました。話し合いの中で，病気休暇が終わった直後に彼女がスタッフと1対1で会うことを提案されました。ローラはそのアイデアを気に入り，スーパービジョンの終わりには，2人が面談するまでの手順が組み立てられ，この困難な面談に対するさまざまなアプローチに対してそ

れぞれがどのような結果を生じるのかを予想しました。

　スーパーバイジーがお互いの状況や経験をよく知り慣れてきたら，**プロセス志向のアプローチ**を用いることもできます。この場合，セッションはスーパーバイジーたちが日常業務で最近経験したトピックや課題を伝えることからはじめます。スーパーバイザーの主な仕事はスーパーバイジーたちが挙げたトピックのうちからいくつかを取捨選択することと，そのトピックを扱うために適切な枠組みやアプローチを作り上げていくことを手伝うことです。

　プロセス志向のスーパービジョンでは，セッションの時間を何に使うかについての交渉や合意が必要な状況がよくあります。スーパーバイジーの中には，仕事上の緊急事態が発生し，すぐに助けが必要な人もいます。また，スーパーバイジーが複数のトピックに興味がある場合もあります。このような状況ではスーパーバイザーが責任をもってセッションを進行させ，それを達成するために可能な限りオープンに取り組むことが特に重要です。セッション開始時にスーパービジョンに対する異なる要望が提起されていた場合，スーパーバイザーはそれらを集めて，どれをより深く検討すべきかという議論を始めるべきです。

　グループ内で意見がまとまらない場合は，スーパーバイザーが共有できるテーマを選ばなければいけません。スーパーバイザーは選んだ理由を明確に，またオープンに説明すべきであり，スーパーバイジーたちにそれが適しているテーマなのかを確認する必要があります。スーパーバイジーの1人が自分のニーズが無視されたと感じた場合，スーパーバイザーはその状況についてそのスーパーバイジーとより綿密に話し合う必要があり，その議論をほかのスーパーバイジーたちは傾聴します。選ばれたトピックをスーパーバイジーたちが自分自身の経験をとおして認めるように促すことも大切です。そのトピックが自分にとって馴染みのないものだと感じている人には，参加をサポートする必要があります。このようなスーパーバイジーには，選んだトピックを検討するために他の人たちと一緒に来た「任意の部外者」としての役割を求めることができます。

　グループがうまく機能しているときは，セッション中にスーパーバイジーも自分のニーズをひとまず置いて他のグループメンバーの成長のために尽くす準備ができており，逆に自分が困ったときにはほかのスーパーバイジーたちが同様の行動をとるであろうと心得ています。洞察に満ちたリフレクションと対話は，通常スーパーバイジー全員の経験を活気づけ，最初はそのテーマに反対していた人で

第10章　グループ　　153

も，その議論から学ぶことができます。

グループ・スーパービジョンの終結

　スーパービジョンの終結という観点で見ると，グループ・スーパービジョンも，個人スーパービジョンやコミュニティ・スーパービジョンとは異なります。特にスーパービジョンが終わり，グループが解散してしまう，つまり新しいスーパーバイザーのもとでは継続しない場合にはそうなります。これはスーパーバイジーとスーパーバイザーの両方にとって非常に有意義なプロセスが終了することを意味します。終結をうまく行うことで，スーパーバイジーは自分の専門職としての成長の一部としてプロセスを統合することができ，グループの終了についての感情，概念，考えを処理する機会を得ることができます。

　グループ・スーパービジョンを終結する際には，少なくとも以下の問題を考慮することが重要です。スーパービジョン全体を，最初に設定した目標やプロセス中に明確にした目標と比較します。グループの共有目標がどのように達成されたか，またスーパーバイジーの個人目標がプロセス中にどのように実現されたかを議論するとよいでしょう。またスーパーバイザーは，スーパーバイジーがお互いから学んだことを評価してもらうべきです。このような作業は，できるだけ具体的に行うべきです。例えばスーパーバイザーは，他のグループメンバーの課題を扱うことで何かを学んだと感じたスーパービジョンの場面について，スーパーバイジー同士で話し合ってもらうことができます。

　プロセスの最後には，未来に目を向けるのも良いアイデアです。スーパーバイザーはスーパーバイジーに，どこで，どのように自分の仕事を振り返り，そこから学び続けることができるかを考えるよう促すことができます。同じような仕事をしている専門家が経験を共有し，お互いに学び合える唯一の場としてスーパービジョンを残すことは実用的ではありません。うまく機能しているグループでは，スーパービジョン終了後も継続する同僚のような仲間関係が参加者間に築かれていることがよくあります。スーパービジョンの最後に，スーパーバイザーはこのような関係を作る手助けをしたり，少なくともそのような関係がもたらすチャンスについて話したりすることができます。また，スーパーバイジーが再びスーパービジョンから恩恵を受ける可能性のある状況について，スーパーバイジーが考える時間を残しておくべきです。

最終セッションの終わりにスーパーバイザーは，スーパービジョンの最後にどんな考えや感情が浮かんでくるかについて自由に話し合う時間を残すべきです。グループのメンバーが，お互いにそしてスーパーバイザーに感謝の気持ちを伝え，プロセスと有意義な関係の終結に関する感情を表現することが可能であることが重要です。

第 10 章　グループ　*155*

第 11 章

管理職（マネージャー）

　近年，スーパービジョンは，組織のマネジメントを支援し発展させるために活用されることが多くなっています。リーダーシップの文化は，ここ 20 〜 30 年の間で大きく変化し，発展してきました。それにもかかわらず，指導する立場の専門家のための基礎知識やツールは，まだ十分に知られているとは言えません。本章では，管理職のためのスーパービジョンが，どのように組織のリーダーシップをサポートするのかを説明します。この説明では，スーパービジョンが管理職の専門的な役割をどのように明確にし，彼らのリーダーとして行うべき任務をどのように構造化し，どのように対話をしながら協働して良い仕事ができる職場環境をどのように作る助けができるかに焦点を当てます。

リーダーの役割

　管理職やリーダーのためのスーパービジョンは，スーパーバイザー自身が一貫した**リーダーシップについての理解**を持ち，それを形成していなければ，うまく実践することはできません。リーダーシップには，さまざまな概念があります。スーパーバイザーは自分で，この多くの理解の中から自分のスーパービジョンの任務において拠り所となるものを自身で見つける必要があります。次に，管理職スーパービジョンにおいて，**対話型リーダーシップ**の中心的な考え方を活用することに主に焦点を置いていきます。

　私たちは，対話型リーダーシップは，**専門家の仕事を導く**のに特に適していると考えています。リーダーシップは，基本的に権力を行使する義務とそれに伴う責任という特徴をもつ専門的な役割と見なされます。**リーダーシップとリーダー**

156　第Ⅲ部　スーパービジョン関係

として行動することを区別することが重要です。優れたリーダーシップとは，個人的な特性ではなく，職場内の適切であり構造化された環境で生み出されるコラボレーション（協働作業）なのです。つまり，リーダーシップとは，リーダーとスタッフとの間の真の協働なのです。

　多くの管理職が，**リーダーの役割を理解して遂行する**ことに困難や悩みを抱えています。その主な理由は，管理職は通常自分の専門分野で十分な成功を収めてきた人だからです。業績が上がると管理職への昇進でそれが報われるのですが，この移行において，リーダーシップ研修やリーダーシップ業務を習熟するための支援は必ずしも十分ではありません。管理職スーパービジョンは，この研修や理解へのサポートに置き換わるものにはなりませんが，リーダーが自分の管理職としての役割を明確にし，強化するのに役立つことがあります。特に，同一職場内で下位の職から管理職へと昇進した場合は，自分が率いる職場コミュニティとは距離を置くことが重要です。

　管理職スーパービジョンの中核は，管理職であるスーパーバイジーが自分自身をリーダーとして，つまりスタッフとの関係において組織の目標を推進する者として認識できるように支援することです。日常の仕事では，さまざまな異なる任務が絡み合っていて，それらに伴うあまりフォーマルでないやりとりがあります。管理職の任務は，組織が設定した目標に向かって，共有する仕事を推進し，その実行を見守ることですが，同時に，十分に活き活きとした自由な行動ややりとりを許容することでもあります。また，職場コミュニティのウェルビーイング（全般的に健全で良好な状態）に配慮し，スタッフの能力開発にも責任を持たなければなりません。

　スーパービジョンは，こうした管理職の仕事をサポートするための良い方法です。スーパービジョンによって，管理職はより良いアプローチを選択し，資源を最大限に活用することができるようになります。

例：管理職が並行してスーパービジョンを受ける

　スーパービジョンを定期的に取り入れているオフィスで，組織改変が行われ，元管理職が別のポジションに異動することになりました。ジョンは管理職に就くように言われ，少し考えた後，ためらいながらもそれを引き受けました。ジョンは，まだオフィスの職場コミュニティのスーパービジョン・セッションにも参加しており，そこでは，自分の不安や新しい管理職としての

役割を分析する必要性についても取り上げていました。しかし，彼は自分にとって，その職場コミュニティのスーパービジョンのセッションが難しいと感じました。なぜなら，そこには自分が応えることのできない多くの期待が出てきたからです。スーパーバイザーは，別途，管理職スーパービジョンのプロセスを開始するようジョンに提案し，彼女がよく知っている別のスーパーバイザーを推薦してくれました。他のスタッフは元のスーパーバイザーとのスーパービジョンを継続し，ジョンは個別の管理職スーパービジョンを開始しました。そこで，彼は自分の仕事の内容やそれに伴う役割について冷静に考え，分析することができるようになりました。

　また，スーパービジョンでは，管理職の**サブロール**（副次的な役割，図6），つまり管理職の仕事を構成している具体的な領域を取り上げることも重要です。通常の管理職のサブロールには，目標設定者，管理者，業務開発者，業績管理者などが含まれます。多くの管理職は，管理職としての仕事と並行して，自分の分野の専門家として仕事を続けています。このサブロールの観点からは，リーダーとしての管理職の行動は細分化されます。そして，複数の異なる分野での仕事に関連する管理職スーパーバイジーの関係や異なる役割間の相互関係が検証されます。これは自分自身の仕事内容を明確にするのに役立ち，また管理職の仕事のどの部分がコントロールできていて，どのような能力を開発する必要があるのかを洞察するためのヒントとなります。つまり，管理職として働くということは漠然とした大きな要求ではなく，最終的に管理可能な課題をもつ複数の細分化された仕事だということが明確になります。

　また，役割と対話という観点からリーダーシップを捉えることで,スタッフが上司に対してどのような**カウンターロール**[訳注17] を果たせるかを検討することができます。管理職とスタッフの役割は，相互の関係によって明確になります。部下が自分の役割をきちんと果たさなければ，良い管理職になるのは困難ですし，逆に良いスタッフになるためには，彼らの管理職の役割が明確で機能することが必要となります。

　スーパービジョンでは，管理職のさまざまなサブロールに伴うカウンターロールの種類を検討することができます。スーパービジョンでは，管理職は部下のさ

訳注17) 管理職のサブロールに対応する役割。

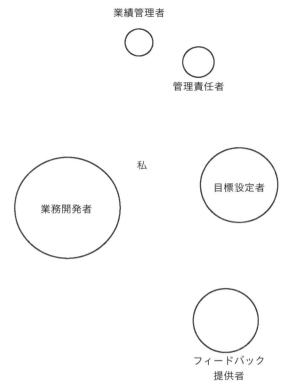

図6 管理職のサブロール（副次的な役割）

まざまなカウンターロールとその行動を冷静に分析することができます。スタッフの役割分担における行動を明確にかつ容易にするためには，管理職は自分がどのようなリーダーシップのスキルを育成すればよいかを考えることができます。さらに，対話的な方法で管理職とスタッフの役割分担を展開することも可能です。この場合，関係の核となるのは，互いに傾聴しあい，互いの経験から学ぶことです。本章の最後では，対話型コラボレーションの導き方をより具体的に説明します。

スーパービジョンでは，リーダーとしての役割に加え，**職場全体の組織やその社会的なネットワークの一部としての役割**について，管理職自身の行動を明確にすることができます。特に大きな組織では，管理職は多くの階層で役割を担って

います。例えば，管理職は，自分の上司の部下として，同じ職位の管理職の同僚として，また多くの場合，さまざまな協力関係にあるネットワーク，自分のチーム，部門，ユニットの代表として働いています。スーパービジョンがうまく機能すれば，管理職の異なるレベルのリーダーシップと，それに関連した役割と業務を構造化することに成功します。このように，スーパービジョンは，管理職が自分の地位においてどのように任務を遂行すべきか，何が上司である管理職の責任であり，何がスタッフの責任であるかという理解を明確にするのです。

　最近では，さまざまな分野の専門家や協力関係にあるネットワークの中で，グループのメンバーやリーダーとして活動する管理職も増えています。また，**ネットワーク・リーダーシップ**の立場に遭遇することもあります。この場合は，さまざまな分野の専門家が，前もって決められた厳密なリーダーシップの構造なしに集まることがよくあります。このようなネットワークにおけるリーダーシップは，異なる分野や業務の境界が柔軟でないことが多いため，しばしば困難が伴うと感じられます。つまり，相互のオープンかつ直接的な交流が行われないということです。スーパービジョンを受けることで，管理職は多職種連携やネットワーク・リーダーシップに関連する状況を分析し，自分の状況をよりよく理解し，このようなネットワークでどのような行動が必要なのかを学ぶことができます。スーパーバイザーは，管理職がオープンで相手を尊重する対話を促進するための方法を見つける手助けをすることができます。

　しかし，リーダーシップに関する問題の多くは複雑であり，スーパーバイザーも管理職スーパーバイジーの両者とも，その問題の全体像を把握することは常に容易ではありません。このような場合，スーパーバイザーはスーパーバイジーに寄り添い，混乱と無力感を共有するしかありません。そして，スーパーバイザーは，耳を傾け傾聴して一緒に考えることで通常，スーパーバイジーが新たな問題の少なくともいくつかを明らかにすることができると信じなければなりません。

権力の行使

　管理職スーパービジョンに関する最も重要なテーマは，他のスタッフとの関係における管理職の地位と，管理業務に属する**権力の正当かつ限定的な行使**が挙げられます。管理職は，権力を持つ力と義務が，いかに自分と他のスタッフを切り離しているかを明確に認識する必要があります。権力を行使するため，スタッフ

スーパーバイザーのツールボックス 10：
影響の輪（図7）

　経験が細分化されると，管理職は簡単に自分のエージェンシーを失ってしまい，すべての責任を負うべきなのに対応するための時間とリソースが十分でないように思ってしまいます。"影響力の輪"を使えば，スーパーバイジーは，自分が影響を与えられる課題と，エネルギーを浪費すべきではない課題とを切り分けることができるようになります。また，経営陣，チーム，スタッフ個人など，それぞれの課題の責任の所在が明確になります。

　スーパーバイジーは，たとえ特定の権限を持っていなくても，課題に影響を与える別の方法を見出すことができるのです。スーパーバイザーが円を描き，スーパーバイジーはその円の中に自分の頭の中にある仕事の状況のすべての側面を区別して書き込むことができます。また，スーパーバイザーはスーパーバイジーに，自分の行動をより効果的に方向づけるためには何ができるかを考えるよう求めることもできます。

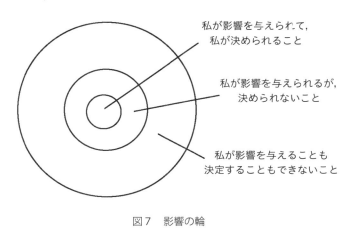

図7　影響の輪

第 11 章　管理職（マネージャー）

はしばしば多くの期待や恐れ，さらには苛立ちまでも管理職に投影します。

　スーパービジョンにおいて，管理職はしばしば，同僚と仲間であるという地位を失ったと感じ，それが深い孤独感につながっていると打ち明けます。上司として働くということは，往々にして孤独な仕事です。管理職は組織内で進行中の計画を把握していることが多く，将来の決定を予測することができますが，通常スタッフとそれらを議論することはできません。スーパーバイザーは，管理職がこの現象を理解しリーダーシップの実像として受け入れるよう手助けする必要があります。

　スーパービジョンは，管理職の孤独感を解消し，スーパーバイジーがそれらを和らげる手法を見つけることを助けることができます。管理職の仕事のどの部分を，本人自身で検討するのが良いのか，他の管理職とディスカッションするのが有益なのか，課題や情報をいつ，どのように上層部に伝えるか，そしてどんな場合に外部の人間（例えば，スーパーバイザー）とディスカッションするのが助けになるのか，などをスーパービジョンによって検討することができます。

例：管理職によるスーパービジョンのグループを作る

　ハンナは，長い間，管理職として非常に孤独を感じていました。彼女は，大きな組織の中で15人のワークユニットを率いており，常に自分一人で難しい決断をしなければならない状態でした。ハンナの上司は組織の管理職の中でも上位に位置し，彼女にあまり時間を割くことができませんでした。ハンナはスーパービジョンによって仕事のサポートを求め，職場の困難な状況を外部の人と一緒に解決することは良いことだと感じました。彼女は，同じような立場の他の管理職に自分の経験について話し，管理職の仕事における自分たちの状況と問題を共有できる小さなスーパービジョンのためのグループを作ることを思いつきました。ハンナのスーパーバイザーも，個人スーパービジョンを3人のグループ・スーパービジョンに変更する準備ができていました。このグループ・スーパービジョンによって経験を共有することが可能になり，また日常の仕事では異なった部署の管理職同士の相互支援も強化されました。

　一般的に管理職は，自分が権力を行使することに恐怖を抱きます。これは通常，スーパービジョンの最中に間接的に出てくるものです。例えば，管理職スーパーバ

イジーが，スタッフの行動に干渉することや，主導権がないと批判したりすることにためらいを示すことがあります。スーパーバイザーに求められることは，スタッフが権力行使に反対したり上司に失望したりいらだちを示したりする状況に耐えることができるように，その管理職を支援することです。また，スーパーバイザーはスーパーバイジーが自主的に決断する勇気を持ち，困難な決断や解決策によって生じる不確実性に耐えられるよう支援しなければなりません。

　ときには，スーパーバイザーは，スーパーバイジーが**権力の誘惑**に気づくのを助けなければなりません。例えば，権力には個人的な利益が絡んでいることがあります。特定のスタッフを優遇したり，他のスタッフを避けたり叱責したり，または自分の権威を示すために交流を制限するなどです。スーパービジョンでこのような課題についての議論がされればされるほど，管理職は管理職としての基本的タスクの遂行に自分のエネルギーを向けることができるようになります。最終的にスーパービジョンでは，管理職が自分に合った権力の使い方を開発し，建設的で自己決定権を尊重する方法でスタッフのエージェンシーを十分にサポートできるようになることを支援します。

　権力の行使に関わる問題は，管理職がスタッフのパフォーマンスの質や不適切な行動について介入しなければならない場面で最も顕著に現れます。スタッフの行動に介入する必要性は，しばしば管理職自身の感情を揺らし，十分な距離感を持って状況を見ることが難しくなることも少なくありません。このような場合，スーパービジョンが非常に大きな助けとなります。管理職はスーパーバイザーとともに，その状況がスタッフ個人の問題なのか，それとも職場全体の問題なのかを分析し，その解釈に基づいて行動する方法を考え出すことができるのです。

　このような場面では，スタッフの人格や私生活に関わる課題が生じることがよくあります。しかし，管理職は**仕事**の観点から，スタッフと一緒にこれらの状況に対処することができるはずです。スーパーバイザーは，主に仕事と労働条件の観点から，管理職が状況に介入するのを支援することができます。スーパービジョンにおいて，管理職は話し合いのための明確な構造を作り，スーパーバイザーとともにさまざまなアプローチがスタッフにもたらす反応，考え，感情を予測することで，今後の困難な状況に備えることができるのです。このような距離の取り方と予測をすることで，日常業務の中では難しいアプローチも可能になります。

働きやすい職場環境

　最良の管理職スーパービジョンでは，質の高い仕事を支え，明確な目標と機能的構造のある，相互学習を促進するような相互作用の仕組みを備えた職場環境を作ることができるように，管理職のリーダーシップを開発する手助けをすることができます。このことは，リーダーシップは管理職の行動に基づくだけでなく，管理職の導きのもとで職場全体がそれに参加することを意味します。

　良い仕事をするための環境づくりは，**日常の仕事環境を整備する**ことだと考えられます。第9章で紹介した職場コミュニティの**三角モデル**も，リーダーシップの育成に適しています。このモデルは，**基本的タスク，構造，職業上の相互作用**に基づいて，職場コミュニティの実践を構造化します。管理職スーパービジョンにおいては，リーダーシップは三角形のすべての領域で分析することができ，また，領域間の関係も把握することができます。このように，このモデルは，管理職がどのようにすればうまく機能する職場環境を構築できるかをよりよく理解するための視覚的なツールなのです。このモデルによって，管理職は自分のリーダーシップを通して何に焦点を当てるべきかが見えてきます。

　まず，管理職の任務は，組織の**基本的タスク**に従ってスタッフを**導く**ことです。組織における基本的タスクが明確に形成され，認識されても，スタッフがそれを日常の仕事に十分に反映させることができない可能性があるのです。その結果，仕事がうまくいかず手探り状態やアイドリング状態，あるいは基本的タスク外の仕事にそれてしまいます。管理職レベルで基本的タスクを明確にすることが，通常，組織全体のスタッフに対してこれを明確にする唯一の方法です。

　スーパービジョンでは，管理職がスタッフとともに，さまざまなレベルの**日常業務の目標を設定する**方法を考えることができます。また，基本的タスクを仕事における日々の目標に変換することで，仕事と結びついた共通の見解を生み出すことができます。さらに，スーパービジョンはさまざまな日常業務を，職場内で広く共有されている基本的タスクと結びつけることに対しても有効に働きます。

例：基本的タスクを日常業務の目標に転換する

　　アンディは，ある中規模のサービス会社の部長でした。彼は，長い間，自分自身のリーダーシップの変化とスタッフの仕事における変化を切望してい

ました。そこでアンディは，それを念頭にスーパービジョンに参加しました。それは，組織全体の基本的タスクと特に自分の部署の基本的タスクを考えることから始まりました。組織の仕事をいくつかの核となる業務の流れに分割し，それぞれに具体的なタスクを配置してみました。その中で，アンディは，多くの領域において仕事が重複していたり，やり残されているタスクがあることに気づきました。そこで，アンディはスーパーバイザーの協力を得て，スタッフに対してより明確な目標を設定し，新たな行動モデルを生み出し，それが職場のコミュニティに浸透して基本的タスクの遂行を向上させることに成功しました。それにより，スタッフの間に新たな熱意も生まれました。

　第2に，管理職は基本的タスクをサポートする**構造を作り維持する**責任があります。ここでいう構造とは，会議，タスクの分担，責任の所在，情報の流れ，意思決定の形態など，永続的あるいは反復的な実践を意味します。会議と議論は，基本的タスクを日常業務の目標として明確にする場です。スーパービジョンでは，会議を準備する新たな方法を開発することが可能であり，それは職場の日常的なコミュニケーションや実践を検討するのにも役立ちます。また，スタッフの経験に関する有益な情報を受け取ることができるような新しいフィードバック法を管理職が開発するための支援もできます。

　第3に，管理職は，自分の職場コミュニティが，組織の中で，またクライアント（顧客）や仕事関係者と，どのような**職業上の交流**をするのかについて**方向性を示す**必要があります。管理職は，職場コミュニティの構造が，職業上の交流に大きな影響を与えることを理解する必要があります。うまく機能し，安全性を生み出している構造は，質の高い相互の関わりも生み出します。例えば，よく計画された会議のやり方は，スタッフ同士の話し合いの質を大きく左右します。

　スーパービジョンでは，管理職は，職場コミュニティの構造によって現在生み出され実現されている相互の関わりの質や，その関わりをどのような方向に発展させるべきかを分析し，検討することができます。さらに，管理職自身の職業上の交流はスタッフにとって職場における行動の手本となるため，それを検討することもできます。また，スーパービジョンは，スタッフのプロらしくない行動やその争いにどう介入するかを考える機会にもなります。

第 11 章　管理職（マネージャー）　*165*

例：会議での相互作用を発展させる

　大きな部署のリーダーとしてのジャックの職務には，さまざまな課の管理職を集めた会議の議長も含まれていました。しかし，そうした会議では，往々にして緊張感や不安感が漂うことが多く，管理職たちの仕事を支援し導くという会議の目的を果たすことはできていませんでした。ジャックは，スーパービジョンで，これらの会議に関する自身の懸念について話し合いました。スーパーバイザーはジャックに，管理職たちの立場に立ち，彼らが会議にどういうことを期待し，その実施についてどのように考えているかを評価するように求めました。

　この作業を通じて，ジャックは，管理職たちがお互いに対して神経質になっていたので，自分たちの仕事についてオープンに話そうとはしなかったことに気づきました。そこでジャックは，スーパービジョンにおいて，新しい会議の進め方を計画しました。ジャックは，会議の冒頭で，管理職たちに，自分たちの仕事に関する切実な課題について，2人1組で話してもらうようにしました。このペアの組み合わせは，会議のたびに変更されました。そして，ジャックはこれらのディスカッションの結果を集めて，会議のアジェンダを作成しました。こうすることで，管理職たちはお互いをよく知ることができ，信頼関係を深めることができました。そして，彼らはやっとミーティングで一緒に議論するテーマを提案し始めたのです。

　コミュニティ・スーパービジョンの章で強調したように，三角モデルは，各部分が分離できないようにつながっており，一体となっているのです。この三角構造に一貫性がある場合，この実体は生産的な仕事をサポートし，仕事と職員の両方を継続的に発展させることができる環境を生み出します。基本的タスクが，職場コミュニティで必要とされる構造の種類を明らかにします。その構造は，基本的タスクを継続的に明確にし，発展させ，修正することを支援できるような質の高い業務上の交流を可能にするものでなければなりません。管理職は，三角モデルの頂点と頂点の間に機能的な関係を構築し，その中でスタッフが有意義に働けるよう助けなければなりません。

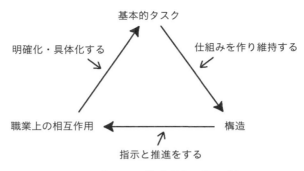

図8　リーダーシップから見た三角モデル

スタッフとの対話的なコラボレーション

　優れたリーダーシップとは，管理職個人の行為の積み重ねで築かれるのではなく，何よりも，目標達成を目指すスタッフ全員との**コラボレーション（協働作業）**によって築かれるものです。リーダーシップでの焦点は，日常業務に必要なコラボレーションを導くことです。管理職はスーパービジョンを通じて，職場コミュニティの中でコラボレーションを強化し，発展させる方法を学ぶことができます。
　管理職がコラボレーションを導く必要がある場面は，会議，指導，フィードバックの授受，能力開発の議論などです。スーパーバイザーは，管理職がこうした状況に対処するスキルを身につけるための支援をします。次に，とくに専門職の業務に適した**対話的なコラボレーションを導くこと**について私たちの考えを示し，また管理職スーパービジョンがそれを支援する方法を概説しましょう。
　対話的なコラボレーションを導くことは，職場の日常業務とかけ離れたものではなく，管理職の主な任務の一つです。それは，基本的には管理職の仕事である**計画，実行，業務管理**を遂行するための特別な方法です。私たちは，これら3つの主要な業務は対話的に実行することができ，職場コミュニティを機能させることとその仕事の生産性は対話によって促進されると考えます。
　対話的なリーダーシップにおいては，管理職たちは，スタッフの経験をさまざまに活用するよう積極的に努力します。また，学習を支援し新たなものを生み出すコラボレーションの刺激的な形を作るようにも努めます。対話的なリーダーシ

第11章　管理職（マネージャー）　　*167*

ップとは，スタッフにリーダーシップ的役割を割り当てることではなく，できる限り質の高いコラボレーションを生み出せるように管理職とスタッフの役割を賢く活用するということなのです。

　すでに述べたように，管理職の仕事は，基本的タスクをスタッフの日常業務に合った大きさの複数の適切な目標に構成することです。対話的なリーダーシップでは，スタッフは仕事の計画にすでに含まれているのです。つまり，管理職は，基本的タスクが日常業務の中でどのように実行されるべきかについて，スタッフの経験やアイデアにできるだけ率直に耳を傾けるようにするのです。会議がうまく導かれていくと，アイデアの計画を可能にしたり，実に多様で豊かな経験の共有を可能にします。この段階での管理職の役割は，多様な対話を促進し，そこから生まれる認識や理解に注目することです。

　スタッフには，最終的に達成すべきことをその時に決定しているのではなく，管理職の責務の一部である仕事の計画立案に協力しているのだということを明確にしておく必要があります。管理職は，職場で計画的なイベントを開催し，その実行を振り返るためにスーパービジョンを活用することができます。スーパービジョンでは，計画の目標を明確にすることに焦点を当てて具体的な実施方法を練るようにするとよいでしょう。

　管理職は，スタッフの視点を聞いた後，スタッフがどのように仕事を進めるか，より詳細な計画を立て始めることができます。管理職は，スタッフの経験や提示されたアイデアを評価し，仕事の遂行に最適なものを選ぶことができるはずです。その際，スタッフ，他の同僚管理職，直属の上司に助けを求めたり，部分的にはスーパービジョンに助けを求めたりすることもあります。また，異なるさまざまな選択肢からの結果を予期し予測することは実行計画を立てる上では重要です。しかしながら日常業務に追われていると，このような緊急を要しない予期のために割く時間はありません。だからこそ，スーパービジョンというリラックスした雰囲気と，仕事に対するリフレクティブなアプローチは，今後を予期し予測することに集中できる素晴らしい機会を提供するのです。

　スーパーバイザーは，管理職がさまざまなアプローチと予想される結果を見通すことを助けます。スーパーバイザーの任務は，見落とされそうな課題にスーパーバイジーの注意を向けるようにすることです。具体的には，クライアント，スタッフ，組織の経営陣，同僚など，さまざまなエージェント（主体）の視点から見た結果を見通して，より長期的な結果を目指して取り組むことを意味します。こ

168　第Ⅲ部　スーパービジョン関係

の予測のプロセスがうまく機能すれば，管理職の仕事は柔軟になり，状況に応じて行動を修正する能力が身につきます。

　先を見通し，どうすべきかについて最適のアイデアを選択し，展開させることができたら，次は**実行段階**です。ここで重要なのは，当初考えていた経験や認識が，具体的な解決策や適切な業務に発展したことを，管理職がスタッフに説明できることです。スタッフは，その解決策の一部が自分たちのアイデアから生まれたものであることを理解すれば，その業務を有意義で，インスピレーションに満ちたものだと感じやすくなります。このことは，業務の遂行と有効なコラボレーションの両方に対するスタッフの真剣な取り組みを促進します。

　また，スタッフと一緒に細部にわたって考えた解決策と指示（例えば，スケジュールとの関連など）を実際の業務に落とし込むことも管理職の仕事の一つです。また，スタッフには業務を遂行するためのサポートやフィードバックが必要ですが，管理職がコントロールしすぎると，自主性や創造性が失われる傾向があるので注意が必要です。管理職からのフィードバックは，スタッフの自立性と目標達成に向けての仕事の励ましになるべきです。スーパービジョンは，これらの業務の困難な仕事を振り返るためにも活用することができます。管理職はスーパーバイザーと一緒に，どのようにタスクを提示し，どのようにスタッフに指示を与え実行をサポートするのがベストなのかを計画することができます。

　実行の効果は体系的に**モニター（効果測定）**されなければなりません。対話型リーダーシップでは，モニタリングの中核は，スタッフ，顧客，組織の他の職位，同僚など，さまざまな関係者の経験に耳を傾けることにあります。そのためには，管理職は，経験が自由かつオープンに表現されるような状況を作り出すことが必要です。また同時に，そのプロセスにおける管理職自身の行動に対するフィードバックを受ける必要があります。管理職スーパービジョンでは，このようなモニタリングのための実践とアプローチを開発していくことができます。

例：フィードバックのための場づくり

　シャーリーはスーパーバイザーに，スタッフから彼らの仕事について本心からのフィードバックが得られず，仕事とその質をチェックできていないと感じて悩んでいることを告げました。この件について掘り下げて調べたところ，職場ではフィードバックの方法がまったく考えられていないことが明らかになりました。フィードバックをすることはもちろん許されていましたが，

それを収集し，活用するための明確な実践方法が計画されていなかったのです。

　スーパービジョンでシャーリーは，スタッフから仕事に関する十分な情報とフィードバックを受け，実際の情報に基づいて意思決定ができるようなフィードバック・プロセスの開発に着手しました。さらにスーパービジョンでは，隔週の初めに，管理職が投げかける質問に対してスタッフが小グループでフィードバックを行うという共有の時間を，職場で可能にするモデルが計画されました。質問は，日常業務の機能性と基本的タスクの実行と管理職の行動とに結びついたもので，回答は誰が見てもわかるように書き，それをみんなで議論します。

　またシャーリーはスーパーバイザーと，この時点では自分自身や組織の方針を擁護するようなことはせず，ただスタッフの経験を収集するだけにすることに同意しました。最後に，彼女はフィードバックに対する感謝の意を表し，さらに詳しく考え，課題を前進させると伝えることにしました。また，次の共有会議では前回のフィードバック会議のトピックについてどう考えたかを述べ，どの課題を前進させたかをスタッフに伝えることを必ず約束することにしました。

　この対話型アプローチは，さまざまなタイプの**能力開発業務と戦略業務**に適応することができます。変革のプロセスでは，管理職がなぜ変革が必要なのか，何を目指しているのかを説明し，明確にできることが重要です。スタッフがその意味を理解してこそ，はじめて変革に向けて取り組むことができるのです。

　対話型リーダーシップでは，変革に関連する経験を表現し，調査し，耳を傾けるためのスペース（余白）を作ることが不可欠です。そうすることで，まだ十分に気づいていないことを受け入れる余地が生まれ，スタッフの経験を活かしながら変革に導くことができます。スタッフは，自分たちの質問や批判が真剣に受け止められていることに気づけば，変革の理由にも耳を傾けることができるようになるのです。

　また，すべてのスーパービジョンの基本的な最終目標は，仕事における学習を促進することです。この観点から，管理職スーパービジョンを行うことは，管理職が学習することで，そのスタッフの継続的な学習を支援することにつながると考えています。しかし，そのためには，組織の管理者は勇気をもって，自分が当

たり前にしているエビデンスに疑問を投げかける姿勢が必要です。スーパービジョンで行われる問題提起や考察は，職場における管理職のリフレクティブな行動を支え，それによって職場コミュニティ全体が職場における学習に向けて発展していくことを支援します。

エピローグ

　本書の各章を読むと，スーパービジョンが求められることの多いプロセスであることがわかります。スーパーバイザーには，仕事上のさまざまな課題に対する知識と多面的な理解が要求されるだけでなく，継続的な不確実性に耐える力も必要です。また，スーパーバイジーにとっても求められることの大きい状況です。現在の職場環境では，主体性や創造性が重視される反面，いったん立ち止まって集中し，没頭する機会が必ずしも提供されていません。しかし，これらはスーパービジョンで追求される学習とリフレクションと対話のためには絶対に必要なことです。スーパービジョンでは，スーパーバイザーとスーパーバイジーの双方に，一貫した仕事の経験を確保し促進するための絶え間ない努力が必要とされます。

　スーパーバイザー個人が，現代の職場文化におけるすべての課題や問題を解決できる必要はありません。スーパーバイジーに寄り添い，職場の現象について考え，考察を深めていくことができれば十分なのです。戸惑いや不確実性，問題意識を共有することは，うまくいけば，参加者それぞれの経験を豊かにする対話の共有につながるのです。

　しかし，全てのスーパービジョンの専門家は，仕事の現場で起きていることや変化の方向性に対して無関心であってはいけません。スーパーバイザーという職業は，全体として，スーパービジョンによって職場文化全体に利益をもたらすようなサービスを生み出しています。スーパーバイザーは，実践の結果として得た専門的技術，知識，ビジョンを隠してはならないのです。

　経験は共有されるべきであり，スーパーバイザーは他のスーパーバイザー，スーパーバイジー，ソーシャル・インフルエンサー（社会的影響力を持つ者）とともに，それらの経験から学ばなければなりません。蓄積された知識は，共有され，磨かれ洗練されることで，私たちの職場文化の意味や方向性についてのより大きな対話につながるはずです。スーパービジョンから得られる認識や洞察は，オープンかつ勇敢に提示され，それが試され，検証され，必要であれば批判されるようにしなければなりません。それこそが，スーパービジョンを民主主義社会の一部として取り込むための唯一の真の方法なのです。

本書では，現時点でのスーパービジョンとは何か，そして実際にどのように実行できるのかについて，私たちが理解していることを提示しました。今回ご紹介したモデルとその実践的な応用は最終的なものではありません。私たちのアイデアは，実践と理論の中において改善され，さらに発展させるべき実験と捉えていただければと思います。同時に，職場文化は常に変化しており，スーパービジョンもそれに合わせて発展していくはずです。

監訳者あとがき

　ここでは，私たちの出会いから本書出版に至るまでの道のり，そして，私たちが感じている本書の意義についてお伝えできればと思います。

　私たちは，精神保健医療福祉や教育の分野に身をおく対人援助職者です。それぞれの現場でさまざまな困難に直面し，解決策を模索する中で「対話実践」について学習する機会を得て，そこで出会いました。今，精神保健医療福祉や教育の場で注目を浴びている「オープンダイアローグ」や「未来語りのダイアローグ」を学ぶ場です。私たちは，対話を学び実践する中で，すでに対話のもつ力を十分に実感し，さらに多様な場でその力を発揮できるはずだということを確信していました。

　そんな中，監訳者の一人であり，対話文化が根づいているデンマーク在住の片岡豊より本書の紹介を受けました。テーマにある「ダイアロジカル」という言葉に惹かれたのは言うまでもありません。そして，対話に興味のある仲間とともに，自主勉強会という形で本書を読み進め理解を深めることにしました。また，勉強会に先立ち，監訳者の2名（石川真紀，川田美和）は，北欧のスーパーバイザーから実際にダイアロジカル・スーパービジョンを受ける経験もしました。それはグループ・スーパービジョンの形で実施されましたが，対話の原則である「聞くこと」と「話すこと」を分ける構造が保たれ，常に安心・安全の中で内的な対話が豊かに広がる体験をしました。そしてスーパーバイザーからはもちろん，他のスーパーバイジーからも多くの学びを得る貴重な機会になりました。自主勉強会では，他の学習者からたくさんの刺激を受け，実際に体験したスーパービジョンをより深く意味づけする機会になるとともに，理論と経験に裏づけられた非常に実践的な内容に感銘を受けました。そして，対人援助職者のみならず，さまざまな組織の管理者や後輩育成にあたる人々に本書の内容を知って頂きたいと強く感じました。これが本書出版のきっかけです。

翻訳にあたっては，北欧と日本の文化の違いもあり苦労したことも多かったのですが，本書に掲載されている具体的な事例は，ほぼ同じ現象が日本でも生じており，仕事をしていく上での困難に文化の隔たりはないことを痛感しました。このことが自主勉強会でもしばしば話題となり，そして，それが本書の日本語出版を勇気づけてくれたように思います。

　ハーバード大学院教員であるキーガン Kegan, R. とレイヒー Lahey, L. は，「人が仕事で燃え尽き状態に陥る最大の原因は，仕事の負担が重すぎることではない。その要因とは，成長を感じられずに長く働き続けることだ」（ロバート・キーガン，リサ・ラスコウ・レイヒー（中土井僚監訳，池村千秋訳）『なぜ弱さを見せあえる組織が強いのか』英治出版，2017．［序章より］）と言っています。

　VUCA（Volatility；変動性，Uncertainty；不確実性，Complexity；複雑性，Ambiguity；曖昧性）時代と言われる今，急速な変化を遂げる社会を背景に，多くの現場で複雑かつ多様化するクライアントのニーズへの対応に追われています。災害大国でもある我が国は，日常業務に加えて，ときに突発的な事態への対応を迫られることもあり，常に葛藤やストレスにさらされていると言っても過言ではないでしょう。そのような中，成長を感じながら仕事を続けるためには，成長を支援される枠組みや仕組みが必要です。スーパービジョンは，間違いなくその１つです。さまざまな現場で，組織の目的達成のために仕事を担っている全ての人にとって，スーパービジョンは必須だと考えます。

　残念ながら今の日本ではスーパービジョンの文化が根づいているとは言えません。また，実践されているとしても，指導的で権威的な古いタイプのスーパービジョンである可能性もあります。１人でも多くの方に，安心・安全を土台とした双方の成長につながるダイアロジカル・スーパービジョンを知っていただきたいです。同時に，本書が日本のスーパービジョン文化の土台づくりの一端を担えることを願いつつ，あとがきとさせて頂きます。

　本書は多くの方々のご協力で完成しました。仮訳を元に行われたオンライン自主勉強会に参加された 32 名のみなさまとの相互作用でアイデアが広がり翻訳書の必要性も生じました。また，この勉強会は，事務局となってくださった，特定

監訳者あとがき　　175

非営利活動法人ダイアローグ実践研究所（DPI）蓬田氏がいなければ実施できませんでした。原著者のアルハネン（Alahanen, K.）氏，デンマークのスーパービジョン実践者ソーレンセン（Soerensen, K.）氏は快く特別講師を引き受けてくださり，本書のより深い理解を助けてくださいました。同じくデンマークの実践者であるソーレンセン（Soerensen, J.）氏は，特別講師のみならずオンラインでのスーパービジョンを実施してくださり，体験を通した理解と実践への興味が高まりました。翻訳に関しては，ご多忙中で各章を共に訳してくださった高瀬氏，小野氏，梶原氏，水谷氏，また全体へ目を通し貴重なアドバイスを下さった翻訳家の早野氏，膨大な作業で複数の監訳者の意見をまとめて指摘や修正くださった山内氏をはじめとした出版社のみなさま，誰1人欠けても完成には辿り着けませんでした。全ての方々に深く感謝申し上げます。

川田美和・石川雅智・石川真紀・片岡豊

スーパーバイザーのチェックリスト

セッション

- 十分に穏やかで生き生きとした状態にチューニング（調律）しましょう。
- スーパービジョンにおいて，スーパーバイジーのすべてのニーズに答えることはできないし，すべての状況で彼らを助けることはできないことを受け入れましょう。
- セッションにおいては明確な構造を作りましょう。
- 学習をサポートする好意的で，オープンで，好奇心と相互尊重に満ちた環境を作るよう努力しましょう。
- 最初から対話的関わりを築きましょう。
- 新しいことを学ぶのは，常にそれ以前の経験に基づいているため，スーパーバイジーの現在のテーマに関する過去の経験を活性化させましょう。
- 話の中で出てくるトピックとそれに対するスーパーバイジーの関係を観察し，スーパーバイジーがリフレクティブ・サイクルのどの段階にいるのかを確認しましょう。
- テーマの中で何が重要かを尋ね，スーパーバイジーの注意がどこに向いているのかを確認しましょう。
- 抽象度を上げることで学習や応用がしやすくなるため，日常的な仕事上の課題を一般的な現象につなげましょう。
- 経験の中で焦点があたっているものを検証しましょう。スーパーバイジーが自分自身の経験のフリンジ（外縁）に気づくことができるような質問をしましょう。
- スーパービジョンで学んだことを日々の仕事に生かすために，新しいアイデアをどのように将来的に生かせるか，スーパーバイジーに考えてもらいましょう。
- 実験主義の意味を強調することを忘れないようにしましょう。最良の実践の多くは，試行し，その結果を評価することによって見出されます。
- 選択した実践の評価をしましょう。

対話的関わり

・ セッションでは，話すことと聞くことを分けるような構造とアプローチをつくりましょう。
・ すべての人の経験を聞き，真摯に受け止めましょう。
・ 参加者に，すぐに解釈したり，決めつけたり，結論を出さないように伝えましょう。
・ さまざまな感情を表現し，それについて話すことができるようなスペースをつくりましょう。
・ いつもの考えを繰り返すのではなく，今現在の考えについて話すように促しましょう。
・ スーパーバイジーが，自分自身の内的対話が生まれるように促しましょう。
・ 他者の話の内容とのつながりに気づくようにスーパーバイジーを導きましょう。ある人の話を聞くことで，他の人の中でどんな考えが生じるか尋ねてみましょう。
・ 異なる視点が浮かび上がるように積極的に手助けしましょう。
・ 日常的な言葉を使うようにお願いしましょう。
・ 生じた緊張状態は保ったまま，一定の距離をもって保持しましょう。
・ まだ提起されていないことを意識的に探してみましょう。

グランドワーク（基盤づくり）

・ スーパービジョンを始める前に，スーパーバイジーと最初の交渉の場を設けましょう。
・ 必要であれば，事前調査からスーパービジョンを開始しましょう。事前調査を行う場合には，スーパービジョン参加者全員に出席してもらいましょう。
・ 2～3回のトライアル期間を設けて，セッションの期間，セッション数，料金，旅費，場所の手配，連絡，請求，キャンセル時の条件などを定めたスーパービジョン契約書を作成しましょう。
・ 購入者に購入者の協力の重要性を伝え，会う頻度について合意を得ましょう。スーパービジョンが組織全体にどのように貢献できるのか，についての購入者の理解を確認しましょう。
・ 可能であれば，スーパーバイジーの仕事場ではない場所でセッションを企画するようにしましょう。
・ セッションの場所に早めに行き，空間を整え，心を落ち着かせましょう。
・ スーパーバイジーがどのようにスーパービジョンを活用できるかを考え，必要であれば，より多様に活用できるように導きましょう。

テーマ志向スーパービジョン

- セッションのテーマを決める方法とその準備について，スーパーバイジーと合意しましょう。
- 話し合いに選ばれたテーマの中で，その時点のスーパーバイジー自身にとって必要なものは何かを尋ね，スーパーバイジーが，リフレクティブ・サイクルのどの段階にいるかを見極めることを忘れないようにしましょう。
- どのようにテーマが選ばれるのか，また重要なテーマが話し合われないままになっていないか，スーパーバイジーと一緒に考えましょう。

ケース志向スーパービジョン

- ケース志向の作業は，テーマやプロセス志向の作業よりも信頼と安全が必要であることを忘れないようにしましょう。
- ケースがいかに選択されるかについて，スーパーバイジーに意識してもらいましょう。成功したケースも，学習にとって重要であることも忘れないでください。
- スーパーバイジーが特に助けを必要としていること，新しい視点を必要としていることは何なのかを尋ねます。
- 必要であれば，スーパーバイジーがケースから距離をおけるように手助けをしましょう。

プロセス志向スーパービジョン

- スーパーバイジーが話していることに注意深く耳を傾けましょう。あなたが拾い上げたテーマになりそうな点について述べ，スーパーバイジーがもっと詳しく取り扱いたいことは何かを尋ねましょう。
- テーマに取り組むのに適したアプローチを選択しましょう。

危機的な状況

- 危機的な状況においては，自分が始めることや約束することには慎重になりましょう。
- 自分に向けられたニーズや希望によって行動が駆り立てられてしまうことを認識しましょう。
- スーパーバイジーを助けることができる他のコンサルト先も心に留めておきましょう。
- その場では冷静になり，公平に話を聞きましょう。あなたが聞いたことの要約をスーパーバイジーに伝え，外部者が自分の状況を説明するのを聞いて，どのような感想を抱いたかを説明してもらいましょう。
- 状況に関連する事実と感情を切り分けられるよう助けましょう。

個人スーパービジョン

- 個人スーパービジョンの多様性を最大限に活用しましょう。ただし，スーパービジョンにおける関係性は，スーパービジョンの枠組みの範囲内であることを認識しましょう。
- スーパーバイジーのエージェンシーを高めるよう努めましょう。依存を助長しないようにしましょう。
- 協働関係の要件や障壁となりうるものについてオープンに話し合いましょう。
- 自分自身の内的対話を関連付け，それによってスーパーバイジーの中でどのような考えが湧いてくるかを尋ねましょう。
- 個人スーパービジョンには2人しかいませんが，異なる視点を引き出す方法を意識的に探しましょう。
- 可能な限り肯定的なフィードバックをしましょう。
- プロセスを終結するために，十分な時間を確保しましょう。スーパーバイジーに，今後，自分の仕事をどこで，どのように振り返り，リフレクションを続けることができるかを検討してもらいましょう。

コミュニティ・スーパービジョン

- コミュニティ・スーパービジョンの目的は，職場コミュニティが基本的タスクを遂行するのを支援し，発展させることであり，スタッフが相互に協力するのを支援することです。
- 職場コミュニティのダイナミクスが常にスーパービジョンの中にも存在することを意識しましょう。それらに焦点を当てすぎず，スーパービジョンにおいてできる限り良い協力関係を築くよう努力しましょう。
- 職場コミュニティのすべてを知ることはできないことを忘れないようにしましょう。
- コミュニティの対話が，仕事に関する課題につながるように導きましょう。
- スーパーバイジーが自分自身の必要性に基づいて，コミュニティ全体の能力開発のための目標を設定するのを助けましょう。
- スーパービジョンの中で，職場コミュニティの管理職とリーダーシップについて，話し合いましょう。
- 三角モデルを活用しましょう。

グループ・スーパービジョン

・グループの立ち上げに積極的に関わりましょう。
・開始時に，参加者がお互いを知るための時間を作りましょう。
・個々のニーズや希望が何であるかを知り，それに基づいて共有の目標を立てましょう。
・スーパーバイジーが，全員が興味を持つ共通の話題を見つけるのを助けましょう。
・セッションの頻度が少なかったとしても，グループのプロセスを維持することを支援しましょう。
・スーパーバイジーが自分自身の課題を共通のテーマにつなげられるよう支援しましょう。
・スーパービジョンのプロセスを終結するとき，スーパービジョンを開始した時に設定した目標にそって，振り返りましょう。スーパーバイジーに，お互いから何を学んだかを説明してもらいましょう。
・それぞれが自分の職場で，どのように仕事に関するリフレクションを継続することができるかを考えましょう。

管理職スーパービジョン

・良いリーダーシップについて，自分自身の見解を明確にしましょう。
・スーパービジョンを受ける管理職が，自分が率いる職場コミュニティと適切な距離を保つことができるように支援しましょう。
・管理職が，自分の管理職としての仕事のさまざまなサブロール（副次的な役割）と，自分に対応する役割をもつスタッフとの関係を理解するように支援しましょう。
・権力行使に関する疑問について話し合うときには，オープンで勇敢な態度をとりましょう。
・リーダーシップの観点から三角モデルを活用しましょう。
・リーダーシップを発揮する仕事においては，管理職が，対話のもつ可能性を理解して意図的に利用するよう支援しましょう。

スーパーバイザーのチェックリスト　　181

スーパービジョンの終結

・ 終結のための十分な時間を確保しましょう。
・ 終結に関して，スーパーバイジーが抱く感情や疑問について話し合うようにしましょう。
・ スーパーバイジーにとって重要な課題の観点からプロセスを評価しましょう。
・ このプロセスで学習してきたことについて考えましょう。
・ 職場で学習を継続する他の機会にも注意を向けてもらうようにしましょう。

スーパーバイザー自身のケア

・ 自分の仕事について振り返りができるように，自分自身のスーパーバイザーや同僚を持つようにしましょう。
・ 自分の専門性をサポートするさまざまな分野を継続的に勉強しましょう。
・ 自分自身のエネルギーとスキルの限界を認識することを学びましょう。
・ 自分の身体の健康を大事にしましょう。
・ 同僚と連絡を取り合いましょう。また，同僚からスーパービジョンを受けることもできます。
・ 必要なときには，早めに助けを求めましょう。

文献・資料

I　基礎知識

　私たちのアプローチに最も近いスーパービジョンとその関連実践に関する著作として，アリソン・デイビス Allyson Davys とリズ・ベトー Liz Beddoe "Best Practice in Professional Supervision: Guide for the Helping Professions" (Jessica Kingsley Publishing, 2010)，エドガー・シャイン Edgar H. Schein "Process Consultation Revisited: Building the Helping Relationship" (Addison Wesley, 1999 ／邦訳『プロセス・コンサルテーション──援助関係を築くこと』2002) などがあります。

　また，私たちの学習観は，古典であるジョン・デューイ John Dewey の "Democracy and Education: An Introduction to the Philosophy of Education" (Cosimo Classics, 2005) やレフ・ヴィゴツキー Lev S. Vygotsky "Mind in Society: The Development of Higher Psychological Processes" (Harvard University Press, 1978) などにも影響を受けています。経験と注意の焦点と辺縁についての分析は，ウィリアム・ジェームズ William James の優れた著作 "The Principles of Psychology 1-2" (Cosimo Classics, 2007) で紹介されています。カイ・アルハネン Kai Alhanen の著書 "John Dewey's Ecology of Experience" (Books on Demand, 2018)，チーナ・ソイニ Tiina Soini の研究 "Preconditions for Active Transfer in Learning Processes" (Finnish Society of Sciences and Letters, 1999) も参照ください。

　リフレクティブ・サイクルのモデルは，"How We Think" (D. C. Heath and Company, 1933 ／邦訳『思考の方法──いかにわれわれは思考するか』1955) という著作でよく示されているジョン・デューイのリフレクションに関する考え方を参考に応用したものです。プロフェッショナル・リフレクションについては，ドナルド・ショーン Donald A. Schon の著書 "The Reflective Practitioner: How Professionals Think in Action" (Ash-gate, 1991 ／邦訳『省察的実践とは何か──プロフェッショナルの行為と思考』2007) に詳しく書かれています。

対話性を論じた最も深遠な著作は，ミハイル・バフチン Mikhail Bakhtin の "Problems of Dostoevsky's Poetics"（University of Minnesota Press, 1984）／邦訳『ドストエフスキーの詩学』1995）でしょう。また，デヴィッド・ボーム David Bohm の著書 "On Dialogue"（Routledge, 2006 ／邦訳『ダイアローグ——対立から共生へ，議論から対話へ』2007）にも影響を受けています。対話を組織開発に適応させる方法は，ウィリアム・アイザックス William Isaacs "Dialogue: The Art of Thinking Together"（Currency, 1999）や，ピーター・センゲ Peter Senge "The Fifth Discipline: The Art and Practice of Learning Organization"（Currency Doubleday, 2006 ／邦訳『最強の組織の法則』1995, 『学習する組織——システム思考で未来を創造する』2011）で紹介されています。フィンランドでは，ヤッコ・セイックラ Jaakko Seik-kula とトム・アンキル Tom Arnkil が著書 "Dialogical Meetings in Social Networks"(Karnac Books, 2009 ／邦訳『オープンダイアローグ』2016）の中で，対話の実践を展開しています。対話についての私たち自身の見解は，カイ・アルハネン Kai Alhanen による "Dialogue in Democracy"（Books on Demand, 2019）でより広く論じられています。

II　実践と方法

スーパービジョンの実務と倫理に関する優れたガイドラインは，ピーター・ホーキンズ Peter Hawkins とロビン・ショヘット Robin Shohet の "Supervision in the Helping Professions"（Open University Press, 2012 ／邦訳『心理援助職のためのスーパービジョン』2012）に掲載されています。スーパービジョンにおけるアクション・メソッドについてはアントニー・ウィリアムズ Antony Williams の著書 "Visual and Active Supervision: Roles, Focus, Technique"（W. W. Norton, 1995）に記載されています。

III　スーパービジョン関係

人間のグループやコミュニティのダイナミクスや発展についての古典的な著作は，ヤコブ・モレノ Jacob Moreno の "Who Shall Survive? A New Approach to the Problem of Human Interrelations"（Nervous and Mental Disease

Publishing, 1934）です。グループダイナミクスの入門書としては，アーヴィン・ヤーロム Irving Yalom の "Theory and Practice of Group Psychotherapy"（Basic Books, 2005 ／邦訳『ヤーロム　グループサイコセラピー──理論と実践』2012）が貴重です。また，アントン・オブホルツァー Anton Obholzer とヴェガ・ザジェ・ロバーツ Vega Zagier Roberts (ed.) "The Unconscious at Work: A Tavistoc Approach to Making Sense of Organizational Life"（Routledge, 2019）もご参照ください。第 9 章で紹介するコミュニティ・スーパービジョンの三角モデルは，もともとフィンランドのスーパーバイザーであるリーサ・ライナ Liisa Raina が開発したものです。

　この本で紹介されている対話型リーダーシップのアイデアは，Aretai 社で開発されたもので，カイ・アルハネン Kai Alhanen，チーナ・ソイニ Tiina Soini，マルコ・カンガス Marko Kangas のサイト "Dialogical Leadership and Power"（www.dialogueacademy.fi）で詳しく論じています。

索　引

あ 行

アクション・メソッド　75, 83, **105**-107, 109,
　116, 152, 184
意味交渉　**33**, 34
影響の輪　161
エージェンシー　**19**, 20, 31, 33, 44, 116,
　120, 121, 161, 163, 180
エンプティ・チェア　107, 112, **114**, 116, 121
オリエンテーション（志向）　**91**, 117, 142,
　149

か 行

カウンターロール　**158**, 159
学習の伝播　38, **41**, 42, 46
学習プロセス　28
関係性マップ　99
関係の具象化　107, **109**
管理職
　―スーパービジョン　156, **157**, 158, 160,
　164, 167, 169, 170, **181**
　―のサブロール　**158**, 159
　―（マネージャー）　156
基本的タスク（三角モデル）　139, 140-142,
　164
グランドワーク　178
グループサイズ　146
グループ・スーパービジョン　145, 181
グループダイナミクス　**106**, 129, 185
経験の断片化　**16**, 17
ケース志向　91, 97, 98, 124, **142**, 143, 149,
　151, 179
ケース志向スーパービジョン　91, **97**, 98,
　179
権力の行使　120, 140, **160**, 163
権力の誘惑　163
構造（三角モデル）　139, 140, 164
購入者の協力　**80**, 86, 146, 178

さ 行

コーチング　23, **24**
個人スーパービジョン　119, 180
コミュニティ
　―・スーパービジョン　128, 180
　―・スーパービジョンの事前調査　138
　―・ダイナミクス　128-130
コンサルティング　**23**, 63
コンフォートゾーン　94

最後のセッション　**87**, 127
三角モデル　139-143, 164
事前調査　79
社会構成主義的な学習理論　37
社会的なプロセス　28
循環（サイクル）　49
職業上の相互作用　139, 142, 164
職業倫理　**88**, 90
職場コミュニティ　18
職場文化　172, 173
シンボル　**107**, 108
信頼関係の構築　37, **85**
スーパーバイザー　25
スーパーバイザーのツールボックス　51, 54,
　67, 72, 89, 95, 99, 123, 144, 161
スーパービジョン　18, 23
　危機的状況下での―　101
　自分自身の―　78
　―の契約書　79, 80
　―の購入者　**80**, 122, 130, 137, 138
　―のセッション　82
　―・セッション　61
スペース　32
セッション　82, 177
セラピー　23, **24**, 120, 185
ソーシャル・インフルエンサー　172

た 行

ダイアロジカル・スーパービジョン　**5**, 174, 175
対話型リーダーシップ　**156**, 169, 170, 185
対話的関わり　61
対話力　130
他者の語りの文脈に関わる　64
注意の方向づけ　38, **39**
抽象度　40
テーマ志向　91, 94, 124, 149, **150**, 179
テーマ志向スーパービジョン　91, 94, 179
トライアル期間　**80**, 178
トレーニング　17, **23**, 77, 78, 81, 102, 106, 116

な 行

内的対話　63
ネットワークマップ　**111**, 112
ネットワーク・リーダーシップ　160

は 行

話すことと聞くことを分ける　**64**, 178
比喩　40, **72**, 73
フリンジ　**24**, **39**, 40, 57, 63, 71, 73, 177
プロセス　84
プロセス志向　91, 100, 101, 124, **142**, 149, 153, 179
プロセス志向スーパービジョン　91, 100, 179

ま 行

ミラーリング　**53**, 103
民主的な生き方　21
メンタリング　23

ら 行

リフレクション　13, **14**, 18, 46-50, 52, 53, 55, 59, 60
　専門的―　17

リフレクティブ
　―・サイクル　47, 50, 52, 101, 107
　―・プロセス　52, 96
　―・ラーニング　**48**, **49**, 52, 66
リフレクトする能力　130
ロールマップ　**112**, **113**, 114
ロールリバーサル　106, 107

著者略歴

Kai Alhanen（カイ・アルハネン）

哲学修士・神学博士（国立ヘルシンキ大学）。アレタイ社（Aretai Ltd.），ダイアログアカデミー・マネージャー。フィンランド生まれのダイアローグ実践理論の代表者の一人。"Dialogical leadership"，"Timeout" など多数の著作活動。

フィンランド政府のシンクタンク機関である SITRA の顧問として，フィンランドの行政部門，教育・福祉部門などの公共機関と民間企業に幅広くダイアローグを基盤としたカウンセリングやコーチングを行っている。精神医療のオープンダイアローグのヤーコ・セイックラ，教育・福祉部門の AD（アンティシペーション・ダイアローグ）のトム・アンキルに並ぶフィンランド発信のダイアローグ実践理論の第一人者として認められている。

また，ロシアのウクライナ侵攻を背景に，カイ・アルハネン氏は，上記の政府シンクタンク機関の SITRA と連携して，"Democracy Defense Dialogue"（デモクラシーを守るダイアローグ）というテーマを掲げて，オンラインによる国際的なダイアローグによる平和活動を推し進めている。

主著書：Käytännöt ja ajattelu Michel Foucault'n filosofiassa. Gaudeamus, 2007./ Practices and Thought in Michel Foucault's Philosophy. BoD, 2018., John Deweyn kokemusfilosofia. Gaudeamus, 2013./ John Dewey's Ecology of Experience. BoD, 2018., Dialogi Demokratiassa. Gaudeamus, 2013./ Dialogue in Democracy. BoD, 2019.

Anne Kansanaho（アンネ・カンサナホ）

スーパーバイザー兼トレーナー，アレタイ社（Aretai Ltd.）。

Olli-Pekka Ahtiainen（オリ・ペッカ・アーティアイネン）

スーパーバイザー兼トレーナー，アレタイ社。

Marko Kangas（マルコ・カンガス）

スーパーバイザー兼トレーナー兼 CEO，アレタイ社。

Katriina Lehti（カトリイナ・レーティ）

スーパーバイザー兼トレーナー，アレタイ社。

Tiina Soini（チーナ・ソイニ）

研究ディレクター，フィンランド国立タンペレ大学。

Jarkko Soininen（ヤルコ・ソイニネン）

スーパーバイザー兼トレーナー，アレタイ社。

推薦者略歴

Tom Erik Arnkil（トム・エリク・アンキル）

フィンランド人。フィンランド国立保健福祉研究所 元研究教授（2015年定年退職）。NPO法人ダイアローグ実践研究所（DPI）理事。オープンダイアローグ・ネットワーク・ジャパン（ODNJP）名誉会員

【日本語出版】著作：あなたの心配事を話しましょう（高橋睦子訳，日本評論社，2018），ダイアロジカル・スペース（浅井伸彦訳，NPO法人ダイアローグ実践研究所，2019），共著：オープンダイアローグ（高木俊介・岡田愛訳，日本評論社，2016），開かれた対話と未来（斉藤環監訳，医学書院，2019）

＊トム・アンキル氏はヘルシンキ大学やフィンランド国立保健福祉研究所においてネットワーク・ダイアローグおよび「未来語りのダイアローグ」の開発に携わるかたわら，古代ペルシャを舞台にした一連の歴史小説の作者として活躍。全6巻からなるシリーズ最終版 "The book of Benjamin Aamoksenpoja" を2022年8月に出版。

監訳者略歴

川田美和（かわだ・みわ）

高知県生まれ，兵庫県立大学看護学部（精神看護学）教授。博士（看護学）。看護師・保健師・精神看護専門看護師。

主な著書：『長期入院患者のおよび予備群への退院支援と精神看護』（分担執筆，医歯薬出版会，2008），『精神看護スペシャリストに必要な理論と技法』（分担執筆，日本看護協会出版会，2009），『精神看護実習ポケットブック』（分担執筆，精神看護出版，2010）ほか

石川雅智（いしかわ・まさとも）

ニューヨーク生まれ，元千葉大学大学院医学研究員精神医学特任准教授，弥生会旭神経内科リハビリテーション病院・学而会木村病院非常勤務医師。東洋史学修士，医学博士，日本精神神経学会専門医・指導医，認知症診療医。

主な著書：『新体系　看護学全書　精神看護学②　精神障害をもつ人の看護』（分担執筆，メヂフレンド社，2017，2019，2021）

主な論文："High occupancy of sigma-1 receptors in the human brain after single oral administration of fluvoxamine: A PET study using 　[11C]SA4503". *Biol Psychiatry*, **62**: 878-883.

石川真紀（いしかわ・まき）

東京生まれ，医学修士，精神保健指定医，千葉県こころセンター（精神保健福祉センター）技監兼次長。

主な著書：『新体系　看護学全書　精神看護学②　精神障害をもつ人の看護』（分担執筆，メヂフレンド社，2017，2019，2021）

主な寄稿論文：「精神保健福祉センターの訪問支援におけるオープンダイアローグ的対話の試み」（精神科治療学，2018）など

片岡豊（かたおか・ゆたか）

東京生まれ，元エグモント・ホイスコーレン教員。修士（国立オーフス大学思想史学科・哲学部）

主な寄稿記事：「リハビリテーション」（社会福祉法人鉄道身障者福祉協会発行）『デンマークにおけるインクルーシブな就労政策』（2006. 12），『デンマークにおける特別支援教育制度』（2009. 8・9），『インクルーシブな学校，エグモントホイスコーレン』（2014. 8・9, 10, 12, 2015. 01），『障害者の差別について──デンマークの現状』（2016. 2・3）など

翻訳：『クローさんの愉快な苦労話』（ぶどう社，1994）

訳者一覧

第1・2章
　高瀬玲：医療法人東峰会，関西青少年サナトリューム
第3・4章
　片岡豊：特定非営利活動法人ダイアローグ実践研究所（DPI）
　小野博史：兵庫県立大学看護学部看護基礎講座
第5〜7章
　梶原友美：神戸大学大学院保健学研究科パブリックヘルス領域
　川田美和：兵庫県立大学看護学部生涯広域健康講座／精神看護
第8〜10章
　石川雅智：旭神経内科リハビリテーション病院・学而会木村病院
　石川真紀：千葉県こころセンター（精神保健福祉センター）
第11章
　水谷裕子：特定非営利活動法人アーモンドコミュニティネットワーク

翻訳アドバイス
　早野 ZITO 真佐子：医療福祉ジャーナリスト・通訳・翻訳

ダイアロジカル・スーパービジョン
リフレクションを活用した職場文化のつくりかた

2024年10月25日　第1刷

著　者　カイ・アルハネン,
　　　　アンネ・カンサナホ, オリ・ペッカ・アーティアイネン, マルコ・カンガス,
　　　　カトリイナ・レーティ, チーナ・ソイニ, ヤルコ・ソイニネン
監訳者　川田美和, 石川雅智, 石川真紀, 片岡　豊
発行人　山内俊介
発行所　遠見書房

〒181-0001 東京都三鷹市井の頭 2-28-16
株式会社　遠見書房
TEL 0422-26-6711　FAX 050-3488-3894
tomi@tomishobo.com　http://tomishobo.com
遠見書房の書店　https://tomishobo.stores.jp

印刷・製本　モリモト印刷

ISBN978-4-86616-199-0　C3011

©Kawada, M., Ishikawa, M., Ishikawa, M., & Kataoka, Y. (Japanese Ver.) 2024
Printed in Japan

※心と社会の学術出版　遠見書房の本※

遠見書房

**心理療法・カウンセリングにおける
スリー・ステップス・モデル**
「自然回復」を中心にした対人援助の方法
若島孔文・鴨志田冴子・二本松直人編著
3つの次元で進める心理支援法スリー・ステップス・モデルを詳しく解説した1冊。個人でもコミュニティでもさまざまな場面で活用できる。2,860円，A5並

オープンダイアローグとコラボレーション
家族療法・ナラティヴとその周辺
浅井伸彦・白木孝二・八巻　秀 著
オープンダイアローグを多方面から見てみることで，オープンダイアローグと，その周辺の支援理論，哲学などを解説し，オープンダイアローグ実践のための基本をまとめたものです。3,080円，A5並

家族理解のためのジェノグラム・ワークブック
私と家族を知る最良のツールを学ぶ
I・ガリンドほか著／柴田健監訳
本書は，ステップ・バイ・ステップで学べるジェノグラム（家族樹）作りのワークブック。プロが行う家族支援サービスでの活用だけではなく，家族を知りたい多くの方にも。2,750円，A5並

読んで学ぶ・ワークで身につける
カウンセラー・対人援助職のための面接法入門
会話を「心理相談」にするナラティヴとソリューションの知恵　　龍島秀広著
初心者大歓迎の心理相談面接のコツをぎゅっと凝縮した一冊を刊行しちゃいました。お仕事，うまく出来てますか？ 空回りしてません？　1,870円，四六並

**パーソンセンタード・アプローチと
オープンダイアローグ**
対話・つながり・共に生きる
本山智敬・永野浩二・村山正治編
パーソンセンタード・アプローチとオープンダイアローグとの比較やデモンストレーションから，心理支援のあり方に一石を投じる一冊。3,080円，A5並

システムズアプローチの〈ものの見方〉
「人間関係」を変える心理療法
（龍谷大学教授）吉川　悟著
家族療法，ブリーフセラピー，ナラティヴの実践・研究を経てたどりついた新しい臨床の地平。自らの30年前の冒険的な思索を今，自身の手で大きく改稿した必読の大著。5,060円，A5並

**マンガで学ぶセルフ・カウンセリング
まわせＰ循環！**
東　豊著，見那ミノル画
思春期女子のたまひちゃんとその家族，そしてスクールカウンセラーのマンガと解説からできた本。悩み多き世代のための，こころの常備薬みたいに使ってください。1,540円，四六並

臨床現場のレジリエンス
医療従事者のウェルビーイングのために
アンナ・フレイン , スー・マーフィー，
ジョン・フレイン 編／宮田靖志 訳
ケアを提供する医療従事者がいかにバーンアウトせず質の高いケアを提供し続けることができるか，さまざまなトピックスと事例から考える。3,300円，A5並

〈フリーアクセス〉〈特集＆連載〉心理学・心理療法・心理支援に携わる全ての人のための総合情報オンライン・マガジン「シンリンラボ」。https://shinrinlab.com/

ナラティヴがキーワードの臨床・支援者向け雑誌。第15号：オープンダイアローグの可能性をひらく（森川すいめい編）
年1刊行，1,980円

価格は税込です